Table des matières

INTRODUCTION

Les chefs religieux ont imposé aux musulmans une omerta intellectuelle, via les hadiths, menant au chipotage et à la bigoterie, en les embrigadant et en les endoctrinant de croire que le prophète Muhammad, que la Paix soit sur lui, était envoyé pour enseigner aux musulmans une toute nouvelle religion. C'est une propagande fondée sur des concepts et percepts totalement faux, dans le seul but, subconsciemment ou consciemment, de diviser l'humanité et de contrevenir au principe coranique d'unité de l'humanité et de son message adressé à l'humanité toute entière.

« Et militer pour Allah avec tout l'effort qu'Il mérite. C'est Lui qui vous a élus; et Il ne vous a imposé aucune gêne dans Sa gouverne, celle de votre père Abraham, lequel vous a déjà nommés "Musulmans" avant (ce Livre) et dans ce (Livre), afin que le Messager soit témoin contre vous, et que vous soyez vous-mêmes témoins contre les gens. Accomplissez donc la prière, acquittez l'impôt et attachez-vous fortement à Allah. C'est Lui votre Maître. Et quel Excellent Maître ! Et quel Excellent soutien! » (Coran 22:78)

Il est clair que l'histoire du musulman a commencé avec celle d'Abraham. Il est aussi clair que tous les prophètes avec leurs compagnons et leurs adeptes étaient des musulmans et l'islam était bien leur religion et gouverne.

Étymologiquement, en langue arabe claire, **l'islam** signifie la **pacification** : *l'action de pacifier, d'établir, de rétablir et maintenir la paix ; la soumission par la paix* à Dieu source de toute paix.

L'islam est donc **l'activation de la paix**. Celui qui se soumet à Dieu (as'salim le paisible, as'salam le pacifique), se soumet à la paix et aspire à la paix. Il fait cesser les troubles de son esprit, les mouvements de violence en lui et autour de lui. Il est pacifié et pacifiste. Par conséquent, l'islam est une gouverne, une doctrine : **le pacifisme** !

« Certes, la doctrine acceptée par Allah est **le pacifisme**. » (Coran 3:19)

« Et quiconque adopte **une doctrine** autre que **le pacifisme**, cela ne lui sera pas accepté, et il sera, dans l'au-delà, parmi les perdants. » (Coran 3:85)

Ainsi, est-il dit, **le pacifisme**, l'islam est la voie, la doctrine, la religion d'Abraham.

« Dis : "C'est Allah qui dit la vérité. Suivez donc la religion (doctrine) d'Abraham, Musulman droit (pacifié et pacifiste). Et il n'était point **des associateurs (des troubleurs et troublés)**. » (Coran 3:95)

En effet, Dieu a appelé le prophète Muhammad de suivre l'islam, la religion, **la doctrine et la voie d'Abraham**.

« Dis : "Moi, mon Seigneur m'a guidé vers un chemin droit, **une religion droite, la religion d'Abraham**, le soumis exclusivement à Allah et qui n'était point parmi les associateurs. » (Coran 6:161)

« Puis Nous t'avons révélé : "**Suis la doctrine d'Abraham** qui était voué exclusivement à Allah (pacifié et pacifique) et n'était point du nombre des associateurs" (perturbés et perturbateurs). » (Coran 16:123)

« Qui est plus **pacifique** que celui qui soumet à Allah son être, tout en se conformant à la Loi révélée et **suivant la doctrine d'Abraham, homme de droiture** ? Et Allah avait pris Abraham pour ami privilégié. » (Coran 4:125)

« Qui donc aura en aversion **la doctrine d'Abraham**, sinon celui qui sème son âme dans **la révolte** ? Car très certainement Nous l'avons choisi en ce monde; et, dans l'au-delà, il est certes du nombre des gens de bien. » (Coran 2:130)

Seuls, ceux qui incitent à la haine, à la violence, au schisme, au sectarisme et la guerre auraient à repousser **la paix, la doctrine d'Abraham**. L'humanité est constituée de communautés diverses qui doivent s'unir vers **la paix et la sécurité**. Quiconque prendra **cette voie, celle d'Abraham** est **musulman**, qu'il soit judéen, sabéen ou nazaréen.

« Et si ton Seigneur avait voulu, Il aurait fait des gens **une seule communauté**. » (Coran 11:118)

« Et sur toi (Muhammad) Nous avons fait descendre le Livre avec la vérité, pour confirmer le Livre qui était là avant lui et pour prévaloir sur lui. Juge donc parmi eux d'après ce qu'Allah a fait descendre. Ne suis pas leurs passions, loin de la vérité qui t'est venue. **A chacun de vous Nous avons assigné une législation et un plan à suivre.** Si Allah avait voulu, certes Il aurait fait **de vous tous une seule communauté**. Mais Il veut vous éprouver **en ce qu'Il vous donne. Concurrencez donc**

dans les bonnes œuvres. C'est vers Allah qu'est votre retour à tous; alors Il vous informera de ce en quoi vous divergiez. » (Coran 5:48)

Le Coran a élogé beaucoup de chrétiens et des judéens. Dieu prend leur défense. Ils sont des gens qui font le bien sans égard à leur seule communauté, **ils appellent à la paix et ils sont pacifiques et pacifistes (musulmans).**

« Mais il ne sont pas tous pareils. **Il est, parmi les gens du Livre, une communauté droite qui, aux heures de la nuit, récite les versets d'Allah en se prosternant. Ils croient en Allah et au Jour dernier, ordonnent le convenable, interdisent le blâmable et concourent aux bonnes œuvres. Ceux-là sont parmi les gens de bien. Et quelque bien qu'ils fassent, il ne leur sera pas dénié. Car Allah connaît bien les pieux.** » (Coran 3:113-115)

« Certes, ceux qui ont cru, ceux qui se sont **judaïsés, les Nazaréens, et les Sabéens, quiconque d'entre eux a cru en Allah, au Jour dernier et accompli de bonnes œuvres, sera récompensé par son Seigneur; il n'éprouvera aucune crainte et il ne sera jamais affligé.** » (Coran 2:62)

« Ceux qui ont cru, ceux qui se sont **judaïsés, les Sabéens, et les Chrétiens, ceux parmi eux qui croient en Allah, au Jour dernier et qui accomplissent les bonnes œuvres, pas de crainte sur eux, et ils ne seront point affligés.** » (Coran 5:69)

« Tu trouveras certainement que les Juifs et les associateurs sont les ennemis les plus acharnés des croyants. Et tu trouveras certes que **les plus disposés à aimer les croyants sont ceux qui disent : "Nous sommes chrétiens." C'est qu'il y** a parmi eux des prêtres et des moines, et qu'ils ne s'enflent pas d'orgueil. » (Coran 5 :82)

De même, le Coran interdit aux Musulmans de persécuter les non-Musulmans pour les forcer à changer leur religion, leur autorisant ainsi le droit à la liberté de conscience.

« **Nulle contrainte en gouverne coranique (le pacifisme).** » (Coran 2:256).

De plus, le Coran insiste sur le fait que les Musulmans ne doivent pas s'abstenir de faire le bien envers les non-Musulmans, à moins qu'ils ne soient dans un état d'inimitié active.

« **Allah ne vous défend pas d'être bienfaisants et équitables envers ceux qui ne vous ont pas combattus et chassés de vos demeures. Car Allah aime les équitables.** » (Coran 60:8)

Ainsi, la société Islamique est une Société Humanitaire.

« **Et si l'un de vos ennemis te demande asile, accorde-le lui, afin qu'il entende la parole d'Allah, puis fais-le parvenir à son lieu de sécurité. Car ce sont des gens qui ne savent pas.** » (Coran 9:6)

Le fonctionnement de l'État et de sa société dans le coran sert toute l'humanité: « **Et Nous ne t'avons envoyé qu'en miséricorde pour l'humanité.** » (Coran 21:107)

Le concept Coranique de l'unité, qui, sur le plan du phénomène psychologique, moral et social, revêt la forme du principe d'intégration, fournit la gouverne qui peut sauver l'humanité du désastre à ce sujet. Parce que Dieu à crée tous les êtres humains selon un plan et un but, et leur a conféré le statut de Son vicariat, et a créé le monde afin que les êtres humains puissent agir en accord avec ce statut, le seul but digne de ce nom que chaque être humain devrait, de par sa nature même, rechercher l'accomplissement de sa destinée, en tant que vicaire de Dieu, Qui est la source de toute vie, de toute lumière, de tout pouvoir, de tout bonheur et de toute béatitude. Ce seul but est, en fait, le but total auquel devraient se référer tous les buts partiels; et c'est en ce nom que tous les buts immédiats de l'activité humaine (et toute activité saine doit être incluse dans l'empire des actions humaines) devraient être recherchés de façon intégrée et équilibrée, en harmonisant chacun d'eux avec les autres, et tous ensemble avec le but total, ou, le but ultime.

« **Vous êtes la meilleure société qu'on ait fait surgir pour toute l'humanité. Vous ordonnez le bien pour tous, interdisez le blâmable pour tous, et croyez à Allah**. Si les gens du Livre croyaient (faisaient ainsi) , ce serait meilleur pour eux, **il y en a qui ont la foi**, mais la plupart d'entre eux sont des pervers. » (Coran 3:110)

La fonction de la Gouverne Coranique est de sortir l'humanité des ténèbres vers la Lumière. En ce qui concerne les êtres humains: Dieu, l'Unique, les a tous créés, et Il a fait naître l'espèce humaine sur terre par un couple originel, un homme et une femme. Cela nous donne le principe Coranique de l'Unité de l'Humanité, par laquelle tout préjudice de race, de couleur, de caste et de sexe est oblitéré, et le seul principe de distinction au regard du statut est l'accomplissement en termes de caractère spirituel et moral, et de connaissance.

Ainsi, **l'islam est une doctrine**, celle du **pacifisme**, un engagement de faire le bien et de retenir son mal à l'égard des êtres humains, sans considération de leur race, leur statut social, leur tribu, leur nationalité, leur sexe, leur, âge, leur conviction… etc. ; à l'égard également des êtres animaux et végétaux.

« Nous avions proposé aux cieux, à la terre et aux montagnes **la responsabilité (de porter les charges de faire le bien et d'éviter le mal).** Ils ont refusé de la porter et en ont eu peur, alors que l'homme s'en est chargé; car il est très injuste [envers lui-même] et très ignorant. » (Coran 33 : 72)

« ô hommes ! Nous vous avons créés d'un mâle et d'une femelle, et Nous avons fait de vous des nations et des tribus, pour que vous vous entre connaissiez. **Le plus noble d'entre vous, auprès d'Allah, est le plus pieux.** Allah est certes Omniscient et Grand-Connaisseur. » (Coran 49 : 13)

« **La bonté pieuse ne consiste pas à tourner vos visages vers le Levant ou le Couchant. Mais la bonté pieuse est de croire en Allah, au Jour dernier, aux Anges, aux Livres et aux prophètes, de donner de son bien, quelqu'amour qu'on en ait, aux proches, aux orphelins, aux nécessiteux, aux voyageurs indigents et à ceux qui demandent l'aide et pour délier les jougs, d'accomplir la prière et d'acquitter l'impôt. Et ceux qui remplissent leurs engagements lorsqu'ils se sont engagés, ceux qui sont endurants dans la misère, la maladie et quand les combats font rage, les voilà les véridiques et les voilà les vrais pieux !** » (Coran 2 :177)

Aussi, la notion de l'islam, en tant que mode d'être dédié au bien est relatée dans beaucoup de versets :

« Certes, **Allah commande l'équité, la bienfaisance et l'assistance aux proches** (qu'ils soient de convictions différentes). » (Coran 16 :90)

« Et qui te dira ce qu'est **la voie difficile ? C'est délier un joug (libérer quelqu'un du servage), ou prendre en charge un orphelin ou aider un pauvre dans le dénouement**. » (Coran 90 :12-16)

«… **Ils concourent au bien**… » (Coran 21:90)

« **Pratiquez l'équité pour vous rapprocher de la piété** ! » (Coran 5:8)

L'islam est aussi clairement, à sa quintessence, une éradication du mal. Un musulman se préserve de toute forme de mal :

« Dis : "**Venez, je vais réciter ce que votre Seigneur vous a interdit : ne Lui associez rien; et soyez bienfaisants envers vos père et mère. Ne tuez pas vos enfants pour cause de pauvreté. Nous vous nourrissons tout comme eux. N'approchez pas des turpitudes ouvertement, ou en cachette. Ne tuez qu'en toute justice la vie qu'Allah a fait sacrée. Voilà ce qu'[Allah] vous a recommandé de faire; peut-être comprendrez-vous. Et ne vous approchez des biens de l'orphelin que de la plus belle manière, jusqu'à ce qu'il ait atteint sa majorité . Et donnez la juste mesure et le bon poids, en toute justice. Nous n'imposons à une âme que selon sa capacité. Et quand vous parlez, soyez équitables même s'il s'agit d'un proche parent. Et remplissez votre engagement envers Allah. Voilà ce qu'Il vous enjoint. Peut-être vous rappellerez-vous**. » (Coran 6 : 151-152)

« Et **n'approchez point la fornication. En vérité, c'est une turpitude et quel mauvais chemin !** » (Coran 17 :32)

« Et **ne foule pas la terre avec orgueil** : tu ne sauras jamais fendre la terre et tu ne pourras jamais atteindre la hauteur des montagnes ! » (Coran 17 : 37)

« Et **ne détourne pas ton visage des hommes,** et ne foule pas la terre avec arrogance : car **Allah n'aime pas le présomptueux plein de gloriole.** » (Coran 31 :18)

L'islam en tant que **doctrine pacifiste**, l'instauration du bien et l'éradication du mal a été promu dans toute les révélations. Aucun prophète n'a inventé de religion. Allah seul a révélé une gouverne, une philosophie et un code de vie pour toutes les générations et à tout temps de la même manière.

« **Il a fait descendre sur toi le Livre avec la vérité, confirmant les Livres descendus avant lui . Et Il fit descendre la Thora et l'évangile auparavant, en tant que guide pour les gens. Et Il a fait descendre le Discernement . Ceux qui ne croient pas aux Révélations d'Allah auront, certes, un dur châtiment ! Et, Allah est Puissant, Détenteur du pouvoir de punir.** » (Coran 3 :3-4)

« **Et ce que Nous t'avons révélé du Livre est la Vérité confirmant ce qui l'a précédé . Certes Allah est Parfaitement Connaisseur et Clairvoyant sur Ses serviteurs.** » (Coran 35 :31 »

« **Nous t'avons fait une révélation comme Nous fîmes à Noé et aux prophètes après lui. Et Nous avons fait révélation à Abraham, à Ismaël, à Isaac, à Jacob, aux Tribus, à Jésus, à Job,** à Jonas, à Aaron et à Salomon, et Nous avons donné le **Zabour à David**. » (Coran 4 :163)

« **Voici un Livre (le Coran) béni que Nous avons fait descendre, confirmant ce qui existait déjà avant lui, afin que tu avertisses la Mère des Cités (la Mecque) et les gens tout autour. Ceux qui croient au Jour dernier, y croient et demeurent assidus dans leur Salat**. » (Coran 6 :92)

« **Et si tu es en doute sur ce que Nous avons fait descendre vers toi, interroge alors ceux qui lisent le Livre révélé avant toi. La vérité certes t'est venue de ton Seigneur : ne sois donc point de ceux qui doutent**. » (Coran 10 :94)

« Dites : "**Nous croyons en Allah et en ce qu'on nous a révélé, et en ce qu'on n'a fait descendre vers Abraham et Ismaël et Isaac et Jacob et les Tribus, et en ce qui a été donné à Moïse et à Jésus, et en ce qui a été donné aux prophètes, venant de leur Seigneur : nous ne faisons aucune distinction entre eux. Et à Lui nous sommes Soumis**". » (Coran 2-136)

« Dis : "**Nous croyons en Allah, à ce qu'on a fait descendre sur nous, à ce qu'on a fait descendre sur Abraham, Ismaël, Isaac, Jacob et les Tribus, et à ce qui a été apporté à Moïse, à Jésus et aux prophètes, de la part de leur Seigneur : nous ne faisons aucune différence entre eux; et c'est à Lui que nous sommes Soumis**". » (Coran 3 :84)

« **Et Nous n'avons envoyé avant toi aucun Messager à qui Nous n'ayons révélé : "Point de divinité en dehors de Moi. Adorez-Moi donc**". » (Coran 21 :25)

« Il y a certes, parmi les gens du Livre ceux qui croient en Allah et en ce qu'on a fait descendre vers vous et en ceux qu'on a fait descendre vers eux . Ils sont humbles envers Allah, et ne vendent point les versets d'Allah à vil prix. Voilà ceux dont la récompense est auprès de leur Seigneur. en vérité, Allah est prompt à faire les comptes. » (Coran 3 :199)

« Il n'y aura pas de changement aux paroles d'Allah… » (Coran 10 : 64)

Ainsi, la révélation d'Allah est la même pour tous Ses messagers. Chaque révélation confirme celle qui l'a précédée dans une synergie totale. Par cela, la nécessité d'une révélation en est ainsi parce que celle qui l'a précédée était corrompue par les hommes et il est procédé à une mise à jour.

« Nous n'avons envoyé, avant toi, ni Messager ni prophète qui n'ait récité (ce qui lui a été révélé) sans que le Diable n'ait essayé d'intervenir [pour semer le doute dans le cœur des gens au sujet] de sa récitation. Allah abroge ce que le Diable suggère, et Allah renforce Ses versets. Allah est Omniscient et Sage. » (Coran 22 :52)

« Ainsi, à chaque prophète avons-Nous assigné un ennemi : des diables d'entre les hommes et les djinns, qui s'inspirent trompeusement les uns aux autres des paroles enjolivées. Si ton Seigneur avait voulu, ils ne l'auraient pas fait; laisse-les donc avec ce qu'ils inventent. Et pour que les cœurs de ceux qui ne croient pas à l'au-delà se penchent vers elles , qu'ils les agréent, et qu'ils perpètrent ce qu'ils perpètrent. » (Coran 6 :112-113)

La Torah a été corrompu du fait que les hommes, par le truchement du Diable, avaient ajouté d'autres paroles d'inspiration humaine et démoniaque jusqu'à la submerger et faisant ainsi disparaître le message originel.

« Puis Nous avons donné à Moïse le Livre complet en récompense pour le bien qu'il avait fait, et comme un exposé détaillé de toute chose, un guide et une miséricorde. Peut-être croiraient-ils en leur rencontre avec leur seigneur (au jour du Jugement dernier). » (Coran 6 :154)

« Nous avons fait descendre le Thora dans laquelle il y a guide et lumière. C'est sur sa base que les prophètes qui se sont soumis à Allah, ainsi que les rabbins et les docteurs jugent les affaires des Juifs. Car on leur a confié la garde du Livre d'Allah, et ils en sont les témoins . Ne craignez donc pas les gens, mais craignez Moi. Et ne vendez pas Mes enseignements à vil prix. Et ceux qui ne jugent pas d'après ce qu'Allah a fait descendre, les voilà les mécréants. » (Coran 5 :44)

« Puis, les injustes parmi eux changèrent en une autre, la parole qui leur était dite. Alors Nous envoyâmes du ciel un châtiment sur eux, pour le méfait qu'ils avaient commis. » (Coran 7 :162)

Le Judaïsme réformé d'aujourd'hui à totalement occulté son affirmation initiale, fondation même de la foi juive, nommément, l'affirmation revendiquant leur statut de livres divinement révélés, ainsi que leur authenticité en tant que recueils des enseignements des Prophètes juifs. Selon la Jewish Encyclopedia, l'affirmation de l'origine divine a laissé place à la reconnaissance de « l'origine humaine des Ecritures

Saintes », brisant ainsi leur caractère sacré et infaillible, tant et si bien que « l'ancien point de vue de la dictée littérale par Dieu doit être abandonné. » Aussi, « le prophète et l'écrivain sacré étaient sous l'influence de l'Esprit Divin lorsqu'ils révélaient par la parole ou par la plume… (mais) la composante humaine ne peut être occultée, et par conséquent, au regard de leurs déclarations, de leurs connaissances, et de la forme de leur communication, ils ne pouvaient se comporter autrement que comme des enfants de leur époque. » (vol. 6, pp. 608-609).

Cette situation délétère a émergé du Judaïsme essentiellement du fait de la perte du Message de Dieu prêché et enseigné par les Prophètes juifs (que la paix de Dieu soit sur eux tous !), au regard de sa pureté originelle, par le peuple juif, voilà bien longtemps, sous les contraintes et les stress des circonstances historiques. Il en reste une forme d'enseignement religieux altéré et corrompu et un contenu historique incorrect, et c'est cette base qui alimente le Judaïsme depuis lors.

La décision d'inclure ou d'exclure certains livres de la Bible fut purement une décision humaine sous influence diabolique. Le destin de certains livres, comme l'Ecclésiaste, et les Cantiques, et Esther, était, apprenons-nous, chancelant dans la balance, même aussi tard qu'au troisième siècle de notre ère. Certains des récits de la Bible sont clairement des légendes… Le Pentateuque n'est pas le fruit d'une seule main mais de nombreuses mains.

Après l'altération systématique de la Torah, Allah dans son immense sagesse et miséricorde, a fait révélé l'Evangile au prophète Issa, que la Paix soit sur lui, pour réformer l'islam corrompu par les juifs en son temps.

« **Nous avons envoyé après eux Jésus, fils de Marie, pour confirmer ce qu'il y avait dans la Thora avant lui. Et Nous lui avons donné l'évangile, où il y a guide et lumière, pour confirmer ce qu'il y avait dans la Thora avant lui, et un guide et une exhortation pour les pieux. les gens de l'évangile jugent d'après ce qu'Allah y a fait descendre. Ceux qui ne jugent pas d'après ce qu'Allah a fait descendre, ceux-là sont les pervers**. » (Coran 5 : 46-47)

L'islam promu par le prophète Issa était transformé en christianisme comme s'il était envoyé pour ériger une nouvelle religion. L'Evangile donné au prophète Issa s'était vite submergé également par des évangiles. Des personnes sorties de nulle part ont prétendu être inspirés de Dieu pour rallonger l'Evangile d'Issa en plusieurs évangiles et ainsi faisant, l'Evangile originelle a disparu.

« **(Rappelle-leur) le moment où Allah dira : "ô Jésus, fils de Marie, est-ce toi qui as dit aux gens : "Prenez-moi, ainsi que ma mère, pour deux divinités en dehors d'Allah ? " Il dira : "Gloire et pureté à Toi ! Il ne m'appartient pas de déclarer ce que je n'ai pas le droit de dire ! Si je l'avais dit, Tu l'aurais su, certes. Tu sais ce qu'il y a en moi, et je ne sais pas ce qu'il y a en Toi. Tu es, en vérité, le grand connaisseur de tout ce qui est inconnu. Je ne leur ai dit que ce Tu m'avais commandé, (à savoir) : "Adorez Allah, mon Seigneur et votre Seigneur". Et je fus témoin contre eux aussi longtemps que je fus parmi eux. Puis quand Tu m'as rappelé, c'est Toi qui fus leur observateur attentif. Et Tu es témoin de toute chose. Si Tu**

les châties, ils sont Tes serviteurs. Et si Tu leur pardonnes, c'est Toi le Puissant, le Sage". » (Coran 5 :116-118)

« **Regarde comme ils inventent le mensonge à l'encontre d'Allah. Et çà, c'est assez comme péché manifeste** ! » (Coran 4 :50)

Il suffit de parcourir les conclusions des représentants officiels du Christianisme, comme dans Encyclopaedia Biblica, pour découvrir la remise en question de l'authenticité de l'Ancien et du Nouveau Testament par la Chrétienté d'aujourd'hui. De la main même d'un des meilleurs défenseurs de la Bible, qui a écrit pour Encyclopaedia of Religion and Ethics (vol. 7, p. 263) : « **Il est à présent entendu au niveau des enseignements bibliques que Dieu n'a pas empêché les erreurs historiques et de savoir et les défauts dans le texte et ses transmissions de se frayer un chemin dans les pages Sacrées de Son Verbe Ecrit.** »

Le Révérend Bosworth Smith, qui semble plus franc, se montre plus rationnel dans sa confession. En comparant l'affirmation d'absolue authenticité du Coran avec l'affirmation chrétienne orthodoxe dénuée de fondement concernant la Bible, il dit: « La Bible en particulier ne fait pas une telle affirmation... La Bible est l'ouvrage d'un grand nombre de poètes, de prophètes, d'hommes d'état, de législateurs, sur une très grande période de temps et comporte en elle d'autres passages différents, antérieurs et souvent en conflit. » (Mohammad and Mohammadism, p. 19).

Enfin, pour réinitialiser les révélations antérieures totalement corrompues, Allah a fait révéler le noble Coran comme menace et promesse, et restituer à l'islam son message originel.

«… Et ceci est [un livre] confirmateur (des livres anterieurs), en langue arabe, pour avertir ceux qui font du tort et pour faire la bonne annonce aux bienfaisants. » (Coran 46 :12)

Contrairement aux livres précédents, le Coran est inaltérable, inchangeable, inattaquable et immuable.

« Le faux ne l'atteint (d'aucune part), ni par devant ni par derrière : c'est une révélation émanant d'un Sage, Digne de louange. » (Coran 41-42)

« Et récite ce qui t'a été révélé du Livre de ton Seigneur. **Nul ne peut changer Ses paroles.** Et tu ne trouvera, en dehors de Lui, aucun refuge. » (Coran 18 :27)

« Et la parole de ton Seigneur s'est accomplie en toute vérité et équité. **Nul ne peut modifier Ses paroles.** Il est l'Audient, l'Omniscient. » (Coran 6 :115)

« En vérité c'est Nous qui avons fait descendre le Coran, et c'est Nous qui en sommes gardien. » (Coran 15 :9)

Donc, le Coran fut resté inchangé depuis sa révélation :

« Et quand leur sont récités Nos versets en toute clarté, ceux qui n'espèrent pas notre rencontre disent : "**Apporte un Coran autre que celui-ci" ou bien "Change-le". Dis : "Il ne m'appartient pas de le changer de mon propre chef. Je ne fait que suivre ce qui m'est révélé.** Je crains, si je désobéis à mon Seigneur, le châtiment d'un jour terrible". » (Coran 10 :15)

« **Ils ont failli te détourner de ce que Nous t'avions révélé, [dans l'espoir] qu'à la place de ceci, tu inventes quelque chose d'autre et (l'imputes) à Nous. Et alors, ils t'auraient pris pour ami intime. Et si Nous ne t'avions pas raffermi, tu aurais bien failli t'incliner quelque peu vers eu**x » (Coran 17 :73-74)

Le Diable, dans sa tactique de Salami, confronté à l'impossibilité de modifier le Coran dans sa littéralité, s'attaque à sa sémantique par une supposée interprétation, explication et traduction du Coran par une extra textualité constituée des **hadiths** comme si le Coran lui-même n'est pas suffisamment était qualifié de **hadith** par Allah.

C'est quoi **les hadiths et les tafsirs**? Rapporté par l'imam A qui l'a entendu de l'imam B qui l'a entendu de l'imam C qui l'a entendu de D qui l'a entendu d'Ibn Abbas: C'est ça un hadith. On base sa compréhension d'un passage du Coran sur ce qui a été rapporté par ceux supposés interprètes du Coran : **les exégètes**.

L'analyse de l'ensemble de ces recueils de traditions, datables de cent cinquante à deux cent cinquante-cinq ans après la mort du prophète, nous apprend que ceux-ci n'offrent aucune garantie concrète d'authenticité, de l'exactitude et encore moins de la précision des propos qu'ils rapportent. Constitués à partir de diverses chaînes de transmission orale, ils n'ont qu'une approche approximative des faits historiques.

La transmission d'un "imam" à l'autre est purement orale Aucun document historique n'est fourni pour appuyer les récits rapportés. Il n'y pas d'annexes aux Sahih de Boukhari et Muslim, ce n'est pas la peine puisqu'on nous dit qu'ils sont sahih, véridiques. Qui a dit cela ? Eux-mêmes! Pas de preuves écrites donc. Il faut dire aussi que s'il fallait à chaque fois documenter ces hadiths, il aurait fallu transformer chaque librairie islamique en bibliothèque municipale! Parce qu'il existe des millions de hadiths!

Les hadiths sont la base des tafsirs, les exégèses classiques du Coran comme si le Coran lui-même n'est pas suffisamment clair, explicite et évident et qu'on peut être plus clair que Dieu.

Ils attribuent au prophète des prises de positions, des comportements et des actes totalement opposés à son caractère et au message dont il est porteur. Toutes les questions posées au prophète, toutes ses déclarations, ses prises de décisions et de positions ainsi que ses caractères sont strictement rapportés par le Coran.

Il est fait mention de pas moins de trois cents fois dans le Coran, l'injonction Divine, "**Dis**" adressés au prophète. De plus, tout ce que le prophète dit est le fait d'une révélation et non d'un quelconque ou supposé hadith :

« Votre concitoyen ne s'est pas égaré et n'a pas été induit en erreur et **il ne prononce rien sous l'effet de la passion; ce n'est rien d'autre qu'une révélation inspirée.** » (Coran 53:2-4)

Le Coran unit et les hadiths divisent. En considérant la littérature sur les Hadiths à la lumière de cette perspective, tout étudiant de l'Islam est conscient des frasques sectaires ressuscitées, purement au nom des Traditions Prophétiques (Hadiths), par certains groupes de Musulmans au cours de l'histoire, à travers les projections de certains mouvements sectaires prétendument inspirés et administrés par Dieu. Les causes premières de l'étiolement de ce qui se prétendent musulmans proviennent du crédit considérable que ceux-ci accordent aux recueils de traditions imputés au prophète Muhammad que la paix d'Allah soit sur lui. En effet, chaque courant comprend le coran et l'islam selon ce qu'il retient de ces recueils, ce qui donne lieu à des interprétations sociopolitiques souvent contradictoires. Les historiens toutes disciplines confondues débattent encore aujourd'hui de la validité historique de ces traditions voire de leur utilité. Pour beaucoup, elles prennent le pas sur le coran, devenant la source de ce qui les divise.

« Et cramponnez-vous tous ensemble au **câble (Coran)** d'Allah et **ne soyez pas divisés**. » (Coran 3:103)

« Mais **ils se sont divisés en sectes, chaque secte exultant de ce qu'elle détenait (les hadiths qui supportent sa secte)**. » (Coran 23:53)

Ces recueils sont conséquents à une guerre civile éclatée très peu de temps après la mort du prophète et présentent des idéologies politiques et sociologique contraire au coran, dénaturant ainsi l'islam. Les critiques, les sceptiques, les cyniques et les agnostiques de l'islam profitent et se basent de ces recueils au contenu nul et incertain pour y puiser ce qui sert leurs desseins.

« ... En quel **hadith** croiront-ils après cela (le Coran) ? » (Coran 7:185)

« Voilà les versets d'Allah que Nous te récitons en toute vérité. Alors en quel **hadith** croiront-ils après celui d'Allah et après Ses signes ? » (Coran 45:6)

« Après cela, en quel **hadith** croiront-ils donc ? » (Coran 77:50)

« Est-ce que ce **hadith**-là que vous récusez ? » (Coran 56:81)

« Tu vas peut-être te consumer de chagrin parce qu'ils se détournent de toi et ne croient pas entièrement en ce **hadith** ! » (Coran 18:6)

De ces versets, résulte un ordre clair, de ne rien suivre que le coran et que Allah est source de toute loi et le Seul Allah est le Législateur.

Dans les hadiths, imputés au saint prophète et superposés au Coran, on peut aisément constater un aveu de supercherie.

Le messager a dit sur son lit de mort : je ne rends illicite que ce que le Coran a rendu illicite. Par Dieu, qu'ils ne se tiennent pas à une chose à mon nom (en me prétextant). **(Abou Youssouf, al-Radd, 31)**

Pour les différends au sujet de la religion, le Coran vous suffit. **(5424 Boukhari, Mouslim 4727)**

N'écrivez rien de moi excepté le Coran. Quiconque écrit d'autre chose que le Coran doit l'effacer. **(Ahmed, vol 1, page 171 et sahih Mouslim ; Zuhd livre 42, numéro 7147)**

Le livre **« Ulum al-hadith »** d'ibn Al-Salah, rapporte un hadith d'Abu Hourayra dans lequel Abu Hourayra dit : *le messager de Dieu est venu nous voir alors que nous écrivons ses hadiths et dit : « quels sont vos écrits ? » Nous avons dit : « des hadiths que nous entendons de toi, messager de Dieu. » Il dit : « un livre autre que le livre d'Allah ? » Nous avons dit : « devons-nous parler de toi ? » Il a dit : « parler de moi, ce sera très bien,*

mais ceux qui mentiront iront en enfer. » Abu Hourayra dit :
« *nous avons recueilli ce que nous écrivons des hadiths et les
brulâmes dans le feu* ».

Encore une fois, dans le livre **« Taq-Yeed Al-ilm »** Abu Saeed
Al-Khudry dit *: j'ai interrogé le messager de Dieu sur la
permission d'écrire ses hadiths, mais il a refusé de me donner
la permission.*

Toujours, dans le même livre, *Abu Hourayra dit : le messager
avait été informé que certaines personnes écrivaient ses
hadiths. Il monta sur la chaire de la mosquée et dit : « quels
sont ces livres que j'ai entendu que vous écrivez ? Je suis juste
un être humain. Quiconque d'entre vous possède un de ces
écrits devrait l'apporter ici. » Abu Hourayra dit : nous les avons
tous recueillis et brûlés dans le feu.*

Omar a dit *: « Je voulais écrire le Sun'an et je me suis souvenu
des peuples qui nous ont précédés, ils avaient écrit d'autres
livres à suivre et ont abandonné le livre de Dieu. Je ne
remplacerai jamais, je le jure, le livre de Dieu avec quoique ce
soit d'autre.* **(Jami Al-Bayan, 1/67)**

Ali Ibn Abu Talib, dit dans un de ses discours : « *je demande
instantanément à tous ceux qui ont des écrits tirés du
messager de Dieu de rentrer chez eux et de les effacer. Les
peuples avant vous ont été anéantis parce qu'ils suivaient les
hadiths de leurs savants et délaissaient le livre de Dieu.* »
(Sunan Al-Daramy)

Dans le livre **« Taa'oueel Mukhtalaf Alhadith »** par Ibn Al-Qutaiba Dinory, *il est rapporté qu'Aïcha (la femme du prophète) a dit à Abu Hourayra : « tu rapportes des hadiths du prophète mohamed que nous n'avons jamais entendu de sa bouche. » Il a répondu (comme Boukhari l'a rapporté) : « tu (Aïcha) était occupée avec ton miroir et ton maquillage. Elle (Aïcha) lui répondit : « c'est qui est préoccupé par ton estomac et ta faim. »*

« **Ne leur suffit-il donc point que Nous ayons fait descendre sur toi le Livre et qu'il leur soit récité** ? » (Coran 29:51)

C'est dans ce bric-à-brac que les gens sont devenus des braques. Conformément au verset du coran suivant, de la torah au Coran, le Diable procède au même mode opératoire, à savoir d'inciter les gens à écrire une inflation de textes en dehors de la révélation et l'imputer au messager enfin de créer une aporie dans la compréhension de l'islam depuis le prophète Ibrahim que la Paix soit sur lui :

« **Nous n'avons envoyé, avant toi, ni Messager ni prophète qui n'ait récité. (ce qui lui a été révélé) sans que le Diable n'ait essayé d'intervenir pour détourner les gens de son applicabilité (en les incitant d'écrire soit le talmud, les évangiles de Mark, Jean, Mathieu… ou les hadiths de Boukhari, Muslim, Abu Dawud…etc.) . Allah abroge ce que le Diable suggère, et Allah renforce Ses versets. Allah est Omniscient et Sage.** » (Coran 22 :52)

De même que le plus grand narrateur du nouveau testament est Jean Paul alors même qu'il n'a jamais vu le prophète Issa (Jésus) que la Paix soit sur lui, aussi, le grand narrateur de l'islam des hadiths, parmi tous les compagnons, est Abou

Hourayra, lui-même, selon beaucoup de savants musulmans, n'avait resté en compagnie du prophète Muhammad, que la Paix soit sur lui, qu'en très peu de temps (1 an 9 mois) ou pas du tout.

Abou Hourayra (le père du chat en arabe) est devenu, depuis, le surnom le plus souvent entendu durant toute la vie d'un musulman. Encore mille fois plus que n'importe quelle autre personnalité marquante de l'histoire des religions, de la philosophie, des sciences, de l'art, du génie et même de la bêtise. Il est aussi le surnom qu'on entend et qu'on lit des centaines de milliers de fois, sans exagération aucune, que ce soit durant les prêches dans les différentes mosquées, dans les journaux et les revues religieuses, les émissions audiovisuelles et les rassemblements de fête ou de deuil. Lorsqu'on étudie de plus près la biographie du prophète et le contenu de ses supposés Hadiths (ses récits, c'est-à-dire ce que le prophète « a dit »), Abou Hourayra restait l'éternel narrateur-accompagnateur à presque chaque page des recueils de ses Hadiths.

Selon Rashad Khalifa, dans son livre *il était une fois un inféodé sur le chemin de Damas* : « Une telle omniprésence, textuelle, pédagogique et audiovisuelle, laisse à supposer qu'il ait été de la partie depuis le premier jour de la prophétie de Mohammad, qu'il ait accompagné le prophète durant les 23 années de sa mission de façon constante et ininterrompue, qu'il ait été témoin des grands événements qui ont marqué cette période remarquable de l'histoire médiévale, qu'il ait été là, non pas seulement comme témoin oculaire passif ou vague participant mais comme acteur effectif et influant directement sur le cours même des événements, qu'il ait été apprécié et estimé unanimement par les historiens et spécialistes de cette période, au même titre que les 4 califes orthodoxes : Abou Bakr As-Seddik, Omar Ibn Al Khattab, Ottmane Ibn Affane et Ali Ibn Abi Taleb et au même rang que celui des compagnons dévoués supportant le coût fatidique, en termes de sacrifices, comme prix à payer à l'aune de leurs adhésions réfléchies aux enseignements coraniques, c'est-à-dire au même rang que tous ceux qui ont répondu présents en défendant, corps et âme, leurs libertés de conscience, de croyance et d'expression, durant les 13 premières années, dures et pénibles, de la vie du prophète et de sa petite communauté de foi à la Mecque. » Comment se fait-il qu'il ait pu soulever un tel tollé historique alors qu'il a très peu vu le prophète ou pas du tout ? Ainsi, à l'instar du Talmud et des Évangiles, les Oulémas entretiennent un inconscient collectif par les hadiths rendant quasiment impossible la moindre synodalité, unité et sociabilité.

Par ailleurs, les musulmans ont été éconduits à croire que pour suivre le prophète il faudrait suivre la Sunna, d'où, le sunnisme a apparu.

Le mot **Sunna** dans le Coran signifie une manière de faire ou une méthodologie. Cependant, il est fait mention dans le Coran que la seule Sunna qui existe est celle d'Allah. Nul part il n'est dit de la Sunna du prophète.

« Telle était la **Sunna** d'Allah envers ceux qui ont vécu auparavant et tu ne trouvera pas de substitut à la **Sunna** d'Allah. » (Coran 33:62)

« ... Attendent-ils donc un autre sort que celui des Anciens ? Or, jamais tu ne trouveras de substitut à la **Sunna** d'Allah, et

jamais tu ne trouvera de déviation dans la **Sunna** d'Allah. »
(Coran 35:43)

« Telle est la **Sunna** d'Allah appliquée aux générations
passées. Et tu ne trouveras jamais de changement à la **Sunna**
d'Allah. » (Coran 48:23)

« Telle fut la **Sunna** appliquée par Nous à Nos messagers que
nous avons envoyés avant toi. Et tu ne trouveras pas de
changement en Notre **Sunna**. » (Coran 17:77)

« Mais leur croyance, au moment où ils eurent constaté Notre
rigueur, ne leur profita point; Telle est la **Sunna** d'Allah envers
Ses serviteurs dans le passé. Et c'est là que les dénégateurs se
trouvèrent perdants. » (Coran 40:85)

Le caractère obligatoire de la sunna en dehors de la sunna
d'Allah, la seule Sunna existante et exigeante, repose pour le
sunnisme, généralement, sur l'exploitation des hadiths et un
seul segment de verset : « ce que le messager vous a donné
prenez-le, et ce qu'il vous interdit, abstenez-vous en » (Coran
59 :7)

Bien que cet énoncé soit le plus fondamental quant à la
justification de la fonction de la sunna du prophète, rien
n'indique textuellement en quoi consiste ce que le prophète a
« donné » et l'on comprend qu'il s'agit de la sunna que de
manière préalablement convenue. Il s'agit aussi de l'argument
le plus communément cité dans les ouvrages du Droit
islamique.

Cependant, malgré la manipulation du sens de ce verset par
une lecture basée sur l'exégèse des hadiths et un

détournement des circonstances flagrant, il reste tout de même clair et limpide, effectivement, quant on le cite intégralement :

« Le butin provenant [des biens] des habitants des cités, qu'Allah a accordé sans combat à Son Messager, appartient à Allah, au Messager, aux proches parents, aux orphelins, aux pauvres et au voyageur en détresse, afin que cela ne circule pas parmi les seuls riches d'entre vous. Prenez ce que le Messager vous donne; et ce qu'il vous interdit, abstenez-vous en; et craignez Allah car Allah est dur en punition. » (Coran 59 :7)

Ainsi, ce verset ne porte que sur le butin et de son partage. L'équité du partage commande à ce que le butin soit parvenu à toutes les classes sociales, alors ce que le prophète donne ne doit pas être contesté tel qu'Allah l'a ordonné : « **contentez-vous en et ne convoitez pas davantage**. »

Au demeurant, suivre le messager c'est suivre le message et obéir au messager c'est obéir à Allah, tel le policier qui exécute la loi alors qu'il ne l'a pas créée pas et refuser de l'obéir est constitutif d'une infraction. Dans ce sens, tous les messagers ont demandé à leurs peuples respectifs de les obéir. Aussi, dans les mêmes conditions, Allah nous ordonne d'obéir aux gouvernants et également d'obéir à nos parents sans que cela soit distinct d'une obéissance à Allah.

« **Tu n'as (Muhammad) aucune part dans l'ordre (divin)**. » (Coran 3:128)

Il incombe au messager que de transmettre le message et nous, de lui obéir en suivant le message qui est éternel et non le messager.

« **En vérité tu mourras et ils mourront eux aussi.** » (Coran 39:30)

« Dis : "**Je suis en fait un être humain comme vous. Ils m'a été révélé que votre Dieu est un Dieu unique !** » (Coran 18:110)

« Dis[-leur]: "Gloire à mon Seigneur ! **Ne suis-je qu'un être humain-Messager ?** » (Coran 17:93)

« S'ils se détournent,... **Nous ne t'avons pas envoyé pour assurer leur sauvegarde : tu n'es chargé que de transmettre le message.** » (Coran 42:48)

« Obéissez à Allah et obéissez au Messager et si vous vous détournez... **il n'incombe à Notre messager que de transmettre en claire son message.** » (Coran 64:12)

« **Et s'il (le messager) avait forgé quelques paroles (hadiths) qu'ils Nous avait attribuées, Nous l'aurions saisi de la main droite, ensuite, Nous lui aurions tranché l'aorte. Et nul d'entre vous n'aurait pu lui servir de rempart.** » (Coran 69:44-47)

En somme, les hadiths sont, pêle-mêle, des patchworks, un cocktail enivrant de vrai et de faux.

« **Et ne mêlez pas le faux à la vérité. Ne cachez pas sciemment la vérité.** » (Coran 2 :42)

Du vrai, pour paraître crédible et appâter et du faux pour tromper et détourner du Coran, de la vérité. Ils appâtent sans vergogne et imbibent le cerveau du poison pour éliminer toute conscience d'efficience et de science du Coran. Ils constituent une tactique de Salami et doivent être situé quelque part entre le Diable et les ténèbres abyssales où l'ignorantisme engendre l'obscurantisme.

Voilà que toute l'histoire de ces recueils de hadiths est symbiotique à l'histoire de la guerre civile qui avait éclaté seulement moins d'une décennie après la mort du prophète. Cette guerre était jalonnée par des meurtres, généralement, des personnes considérés saintes et mentorées par le prophète lui-même, pour qui, le Coran était seule orientation pour établir une institution et base de résolution des problèmes de tout ordre ; et par une destruction massive des différentes bibliothèques perçues comme des cibles militaires.

Aussi, cette guerre n'avait abouti qu'à la mise en place d'un système dynastique féodal aux antipodes de l'idéal d'un système politique islamique au point où seuls les quatre premiers califes sont qualifiés de « bien guidés ». Cela fait comprendre que tous les autres restants, jusqu'à l'abolition du califat en 1924, n'étaient pas bien guidés. Et ceci est tout à fait logique puisque le règne des omeyyades, des abbassides, des fatimides et des ottomans était marqué par leur dominance sur les oulémas et leur contrôle sur les écrits jusqu'à tuer, ostraciser ou emprisonner les savants qui les dénonçaient par le Coran.

Alors, une toute nouvelle version de l'islam totalement sortie de la tragédie de la grande guerre civile et basée majoritairement sur la tradition des hadiths a vu le jour. Le sens de l'islam, comme mode de vie dédié au bien et écarté du mal, a été corrompu et substitué par des piliers sans toit. Dorénavant, l'islam n'est plus compris par le Coran mais plutôt par les hadiths. L'islam n'est plus considéré comme un mode d'être, une situation, mais plutôt comme un titre qu'on arbore fièrement et ostensiblement sans égard aucun de tous les maux causés et les biens retenus.

Aujourd'hui, l'islam est assimilé aux 5 prières quotidiennes. On est musulman dès lors qu'on les pratique, ce ne reste mécaniquement, et qu'on est fraudeur, voleur, plein de gloriole, malhonnête, fornicateur ou fornicatrice, dévoué aux passions et aux futilités, opportuniste, addictif aux drogues…, et même si on érige l'argent au piédestal de toutes les valeurs et qu'on désigne des politiciens comme des souverains, pour qu'ils puissent affronter la réalité à notre place, qu'on soit diffamateur ou calomniateur, qu'on perçoit la démocratie comme source de tous les idéaux, qu'on soit égoïste ou usurier… bref, qu'on soit un singe.

Alors, ce passe-droit, qu'est la prière journalière en congrégation doit être disséqué à la base du noble Coran. Cette dissection restituera à la prière toute sa valeur et son ampleur.

CHAPITRE 1 : LE FONDEMENT DE LA PRIÈRE

Reconnaître le Coran seul, comme la base fondamentale de la connaissance de la Gouverne Islamique c'est, non seulement, répondre aux exigences de la raison mais également de trouver le salut de l'âme.

Ainsi, la prière trouve son fondement dans le Coran uniquement, après que les livres antérieurs ont été altérés et que toute mention authentique de la prière s'était évanouie. C'est dans le Coran, et non pas dans un quelconque texte ultérieur, telles que les compilations des hadiths, qu'il faut chercher tous les détails de la prière puisqu'elle est adressée à Allah et que le seul câble qui mène à Lui est confiné exclusivement dans le Coran.

« Et cramponnez-vous tous ensemble au **"Habl" (câble)**, le **Coran d'Allah** et ne soyez pas **divisés (en s'exultant chacun des hadiths qui exaltent sa secte)**.» (Coran 3 :103)

Le Coran unit et les hadiths divisent. En considérant la littérature sur les Hadiths à la lumière de cette perspective, tout étudiant de l'Islam est conscient des frasques sectaires ressuscitées, purement au nom des Traditions Prophétiques (Hadiths), par certains groupes de Musulmans au cours de l'histoire, à travers les projections de certains mouvements sectaires prétendument inspirés et administrés par Dieu.

Les causes premières de l'étiolement de musulmans proviennent du crédit considérable que ceux-ci accordent aux recueils de traditions imputés au prophète Muhammad que la paix d'Allah soit sur lui. En effet, chaque courant comprend le coran et l'islam selon ce qu'il retient de ces recueils, ce qui donne lieu à des interprétations sociopolitiques souvent contradictoires. Les historiens toutes disciplines confondues débattent encore aujourd'hui de la validité historique de ces traditions voire de leur utilité. Pour beaucoup, elles prennent le pas sur le coran, devenant la source de ce qui les divise.

Le sunnisme, le chiisme et toute autre secte, en tant que religion bâtie essentiellement sur le recours aux hadiths, considèrent seulement, car ils n'ont aucune preuve, qu'il est indiscutable qu'une musulman ne connaît les détails de la prière qu'en fonction des hadiths. Ils arguent que : « si nous n'avons pas la sunna, nous n'aurions pas su comment prier. C'est donc primordial que le prophète ait enseigné sa sunna ». Alors qu'il est évident que la sunna à laquelle ils s'accrochent misérablement n'est pas **le Habl (câble) d'Allah** et n'a aucune réalité coranique.

Nul doute que les premiers musulmans priaient et nul doute qu'ils ont appris à prier à la base du coran à travers la pratique de la prière authentique de certains gens du livre les plus sincères et de celle du prophète lui-même et non pas en lisant des ouvrages de hadiths ou du droit islamique.

L'imitation de la prière du prophète et la lecture des hadiths ne s'articulent pas par la moindre logique. Il suffit d'ailleurs d'examiner les recueils de hadiths pour le constater. Ainsi, l'on trouve dans la seule somme **de al-boukhari** près de 900 hadiths consacrés aux règles de la prière. En cette masse de textes, s'ajoute un grand nombre de divergences : horaires de prière, positions de mains et de pieds, formé l'inclinaison, manière de se prosterner, formules du Tashâhud, salut final... etc. S'ajoutent à cela encore, d'innombrables variations de règles que le droit islamique et ses diverses écoles en ont exponentiellement tirés.

De fait, si l'on se réfère à cette diversité, altérité et complexité, la situation en est caduque pour qui voudrait bien déterminer la meilleure manière de prier et pour qui aussi voudrait rétablir la prière du prophète.

La multiplicité des hadiths ne traduit pas une seule façon de prier mais une multitude. Chaque secte érige sa propre forme de prière en fonction ou non des écoles. Les interventions inflationnistes des hadiths ont provoqué la perte de la prière authentique. De ce fait, certains hadiths passent à l'aveu :

Anas a dit : « *Je vois qu'il ne subsiste plus rien de ce qui existait au temps du Prophète. – Et la prière ? lui demanda-t-on. – Vous la pratiquez d'une façon particulière, répondit-il.* » **L'authentique de l'Imam Bukhari, Tome 1, Page 282**

Selon Othman Ben Abou Raouda, Zohri a dit : « *J'entrai chez Anas Ben Malik, pendant qu'il se trouvait à Damas et le trouvai en pleurs. Je lui dis : - Qu'est-ce qui te fait pleurer ? – Je vois qu'il ne subsiste plus rien des pratiques d'autrefois, se lamenta-t-il, hormis la prière, qui est elle-même délaissée.* » **L'authentique de l'Imam Bukhari, Tome 1, Page 283**

La prière trouve son fondement légitime, avec tous ses détails, dans le Coran car c'est un livre tout simple explicite, authentique, complet et unique parce que tout naturellement divin et la prière est divine par excellence.

Le Coran est un livre complet :

« ...explicite (explicitement et implicitement) **toute chose**... » (Coran 16:89). C'est-à-dire qu'il transmet une direction complète et éternelle sur **tous les aspects de la vie humaine**. Il transmet une gouverne détaillée et compréhensible pour tout sujet sur lequel la raison humaine peut se heurter et échouer de quelque manière que ce soit ou dans quelque mesure que ce soit.

« Nous avons rien **omis** de **mentionner** dans le livre » (Coran 6:38)

« Nous avons **dénombré toute chose** dans un **registre claire** » (Coran 36:12)

« Et certes, Nous avons déployé pour les gens, dans ce Coran, **toutes sortes d'exemples**. Mais la plupart des gens s'obstinent à être **dénégateur**. » (Coran 17:89)

« Et assurément, Nous avons déployé pour les gens, dans ce Coran, **toutes sortes d'exemples**. L'homme cependant, est de tous les êtres le plus grand **disputeur**. » (Coran 18:54)

« Et dans ce Coran, Nous avons certes cité, pour les gens, des **exemples de toutes sortes**. Et si tu leur apportes une **preuve**, ceux qui ne croient pas diront : **"Certes, vous n'êtes que des imposteurs''** » . (Coran 30:58)

« Nous avons, dans ce Coran, cité pour les gens des **exemples de toutes sortes** afin qu'ils réfléchissent. » (Coran 39:27)

« Ils ne t'abordent d'aucun **thème**, sans que Nous ne t'apportions la vérité avec la **meilleure analyse**. » (Coran 25:33)

« ... Et rien n'existe de plus **petit ni de plus grand**, qui ne soit inscrit dans un **Livre explicite**. » (Coran 34:3)

«... et traitaient de mensonges, continuellement, Nos versets, alors que **Nous avons dénombré toutes choses en écrit**. » (Coran 78 :28-29)

Ainsi, le Coran est une science des sciences. Il compile la politique, l'économie et l'histoire véritable de l'homme. Il mentionne la cohésion sociale, les bonnes relations internationales, le droit humanitaire, les principes et la logique de guerre. Il éduque et moralise. Le coran est un livre plein de notion de végétation, de la géologie et de la biologie. Il s'attarde beaucoup sur l'astronomie et l'astrologie, la botanique, la nutrition, la reproduction, le mariage, la famille, **les détails de la prière** … etc.

C'est la plus ample locution de Dieu adressée à l'homme. En tant que système de Connaissance, la Gouverne Coranique est entièrement fondée sur la Logique du Savoir, selon laquelle les différents domaines de la connaissance apparaissent interconnectés dans une séquence logique qui se manifeste objectivement ainsi : la métaphysique, dont la fonction est de donner une représentation du monde et par conséquent un système de valeurs, constitue la base. Il en émerge la Philosophie Morale qui, dans ses aspects pratiques, assume la fonction d'un Code Moral. En entrant dans les dimensions de la société organisée, la Philosophie Morale donne naissance à la Philosophie Sociale, qui, pour des raisons pratiques, cristallise sous la forme des différentes Sciences Sociales comme la Politique, l'Economie, et le Droit. Puis, du côté du sujet, la Psychologie et l'art se déploient pour constituer des compléments reliés de façon organique de l' « arbre de connaissance » dont les racines sont la métaphysique.

Le Coran est un livre détaillé :

« Certes, il vous est parvenu des **preuves évidentes**, de la part de votre Seigneur. Donc, quiconque voit **clair**, c'est en sa faveur; et quiconque reste **aveugle**, c'est à son détriment, car je ne suis nullement chargé de votre sauvegarde. C'est ainsi que Nous expliquons les versets. Et afin qu'ils disent : "Tu as étudié". Et afin de l'exposer clairement à des gens qui savent. » (Coran 6:104-105)

« Ainsi exposons-Nous **clairement** les versets pour les gens qui savent. » (Coran 7:32)

« Ils discutent avec toi au sujet de la vérité après qu'elle fut **clairement** apparue; comme si on les poussait vers la mort et qu'ils (la) voyaient. » (Coran 8:6)

« C'est ainsi que Nous le fîmes descendre (le Coran) en **versets clairs** et qu'Allah guide ceux qui les saisissent. » (Coran 22:16)

« Et quand on leur récite **Nos versets bien clairs**, tu discerneras la réprobation sur les visages de ceux qui ont renié. Peu s'en faut qu'ils ne se jettent sur ceux qui leur récitent Nos versets. » (Coran 22:72)

« Allah vous expose **clairement** les versets et Allah est Omniscient et Sage. » (Coran 24:18)

« Nous avons effectivement fait descendre vers vous des **versets clairs**, donnant une parabole de ceux qui ont vécu avant vous, et une exhortation pour les pieux ! » (Coran 24:34)

« Ce (Coran) ci, c'est le Seigneur de l'univers qui l'a fait descendre,... en **une langue arabe très claire**. » (Coran 26:192-195)

« ... C'est ainsi qu'Allah vous expose **clairement** Ses versets, et Allah est Omniscient et Sage. » (Coran 24:58-59)

« ... Ceci n'est qu'un rappel et un **Coran clair**. » (Coran 36:69)

« C'est Lui qui fait descendre sur Son serviteur des **versets claires**, afin qu'il vous fasse sortir des ténèbres à la lumière; et assurément Allah est Compatissant envers vous, et Très Miséricordieux. » (Coran 57:9)

« Sachez qu'Allah redonne la vie à la terre une fois morte. Certes, Nous vous avons **exposé** les preuves **clairement** afin que vous raisonniez. » (Coran 57:17)

« Telle est la voie de ton Seigneur dans toute sa rectitude. Nous avons [effectivement] bien **détaillé** les signes (ou versets) à des gens qui se rappellent. » (Coran 6:126)

« Nous leurs avons, certes, apporté un Livre que Nous avons **détaillé**, en toute connaissance, à titre de guide et de miséricorde pour les gens qui croient. » (Coran 7:52)

« Ce Coran n'est nullement écrit en dehors d'Allah mais c'est la confirmation de ce qui existait déjà avant lui, et l'exposé **détaillé** du Livre en quoi il n'y a pas de doute, venu du Gestionnaire de l'Univers. » (Coran 10:37)

« Et Nous avons expliqué toute chose d'une manière **détaillée**. » (Coran 17:12)

« Un Livre dont les versets sont **détaillés** (et clairement exposés), un Coran [lecture] arabe pour des gens qui savent. » (Coran 41:3)

« ... **Une lumière et un Livre explicite** vous sont certes venus d'Allah ! » (Coran 5:15)

« ... Tels sont les **versets du Livre explicite**. » (Coran 12:1)

« ... Voici les versets du Livre et d'un **Coran explicite**. » (Coran 15:1)

Le Coran s'explique par lui-même. Tous ses versets sont interconnectés les uns avec les autres. Aucune extra textualité ne peut l'expliquer. Il dispose de ses propres moyens de clarté et explicité. On ne peut être plus clair que Dieu!

« Voici les versets du **Livre explicite**. » (Coran 26:2)

« ... Voici les versets du Coran et d'un **Livre explicite**. » (Coran 27:1)

« Voici les **versets du Livre explicite**. » (Coran 28:2)

« Par le **Livre explicite** ! » (Coran 43:2)

« Par le **Livre explicite**. » (Coran 44:2)

« Et très certainement Nous avons fait descendre vers toi des **signes évidents**. Et **seuls les pervers n'y croient pas**. » (Coran 2:99)

« Ô gens ! Certes une **preuve évidente** vous est venue de la part de votre Seigneur. Et Nous avons fait descendre vers vous une **lumière éclatante**. » (Coran 4:174)

Le coran fait appel à la raison :

Toute personne impartiale et dédiée à la connaissance et à la reconnaissance est forcée de confirmer l'appel à la raison du Coran.

« C'est ainsi qu'Allah vous explique Ses versets, afin que vous **raisonniez**. » (Coran 2:242)

« Les **pires êtres** auprès d'Allah, sont, en vérité, les sourds-muets **qui ne raisonnent pas**. » (Coran 8:22)

« En effet, Nous avons rendu le **Coran facile pour la méditation**. Y a-t-il quelqu'un pour **réfléchir** ? » (Coran 54:17)

« Voici un Livre béni que Nous avons fait descendre vers toi, afin qu'ils **méditent** sur ses versets et que **les doués d'intelligence réfléchissent** ! » (Coran 38:29)

« Et parmi Ses signes Il a créé de vous, pour vous, des épouses pour que vous viviez en tranquillité avec elles et Il a mis entre vous de l'affection et de la bonté. Il y a en cela des preuves pour des **gens qui réfléchissent**. » (Coran 30:21)

« ... Ne vous avons-Nous pas donné une vie assez longue pour que celui qui **réfléchit réfléchisse** ? » (Coran 35:37)

« Très certainement Nous avons **exposé** tout ceci dans ce **Coran** afin que **les gens réfléchissent**. Mais cela ne fait qu'augmenter leur répulsion. » (Coran 17:41)

« De la terre, Il fait pousser pour vous, les cultures, les oliviers, les palmiers, les vignes et aussi toutes sortes de fruits. Voilà bien là **une preuve pour des gens qui réfléchissent**. » (Coran 16:11)

Le Coran est le Critère qui permet en toute clarté de distinguer le juste de l'injuste, le bien du mal, la Vérité de l'erreur. Les bases du raisonnement sont simples. Point de rhétoriques dialectiques, sophistiques, éristiques et philosophiques et autres stratagèmes subversifs. Il faut tout simplement faire usage du bon sens et de la logique. On doit se débarrasser de toute vanité et orgueil et réfléchir un minimum.

Le Coran est un livre authentique :

En tant que Parole révélée par Dieu, le Coran transmet une connaissance qui est immunisée contre toute possibilité de doute (Coran 2:2), contre tout détour (Coran 18:1), contre toute forme de contradiction (Coran 4:82).

« En vérité c'est Nous qui avons fait descendre le Coran, et c'est Nous qui en sommes Gardien » (Coran 15:9)

Chaque mot de son texte est absolument authentique, la moindre lettre du moindre mot ayant été préservée telle qu'elle a été délivrée par le Prophète Muhammad (paix sur lui). L'authenticité du Coran est absolue.

« Et la parole de ton Seigneur s'est accomplie en toute vérité et équité. Nul ne peut modifier Ses paroles. Il est l'Audient, l'Omniscient. » (Coran 6:115)

« Et récite ce qui t'a été révélé du Livre de ton Seigneur. Nul ne peut changer Ses paroles. Et tu ne trouveras, en dehors de Lui, aucun refuge. » (Coran 18:27)

«Avant le Coran, tu ne récitais aucun livre ni n'en écrivais aucun de ta dextre, sans quoi, les négateurs auraient trouvé argument pour douter de l'authenticité du Coran… » (Coran 29:48)

Même les hostiles savants occidentaux, pour qui la plus grande des vertus est d'avilir l'Islam et de le traîner dans la boue, durent courber l'échine en toute humilité quand ils furent confrontés au problème de l'authenticité du Coran et durent admettre à contre cœur la pureté de son texte, des savants, tels que : Palmer (**The Quran Traduction Anglaise; Introduction p. 59**); Wherry (**Commentary on the Kuran, 1, p.**

349); Snouck Hurgronje (**Mohammedanism, p. 18**); William Muir (**Life of Mohammad, Introduction, p. 23**); Philip K. Hitty (**History of the Arabs, p. 123**) ; et Torrey (**Jewish Foundation of Islam, p. 2**). Pour ne citer que la dernière référence, Bosworth Smith, déclara: « *Dans le Coran nous avons, au-delà de tout doute raisonnable, les mots exacts de Mohammad (sans soustraction et sans addition).*» (**Mohammad and Mohammadanism, p. 22**). Et il n'est pas que Bosworth Smith qui affirme cela, mais bien d'autres également. Par exemple, FF. Arbuthnot a avoué que: « *... texte complet du Coran... est resté le même, sans aucune modification ou altération par des enthousiastes, des traducteurs, des polémistes jusqu'à ce jour. Il est regrettable qu'on ne puisse pas en dire autant de tous les livres de l'Ancien et du Nouveau Testament.* » (**The Construction of the Bible and the Koran, p. 5**).

Le Coran est un Livre détaillé, exhaustif, inaltéré et inaltérable parce que Divin. Allah, par son immense savoir, a affirmé qu'Il a Lui-même enseigné la salât, et Il en a préservé sa structure de base pour que les gens puisse l'identifier et la comprendre par la simple lecture du Coran :

« Soyez assidus aux Salats et surtout la Salat médiane; et tenez-vous debout devant Allah, avec humilité. Mais si vous craignez (un grand danger), alors priez en marchant ou sur vos montures. Puis quand vous êtes en sécurité, invoquez Allah comme **Il vous a enseigné (la salât/prière) ce que vous ne saviez pas**. » (Coran 2 :238-239)

CHAPITRE 2 : LA SIGNIFICATION DE LA PRIÈRE

La prière/Salât raisonne tout au long du Coran. La racine Salâ/prier y apparaît à 99 reprises et le terme prière/salât 65 fois. Le mot **Salât** est lexicalement classé à la racine **salâ** ayant pour sens : **toucher, atteindre, s'approcher**. C'est un énoncé commun aux langues sémitiques anciennes : *s'approcher à Dieu pour Le louer Le glorifier, L'invoquer et Lui adresser une demande*. Alors, son sens général est l'assistance.

Et aussi, **c'est atteindre une personne en l'honorant par une action**, un soutien à sa cause. Là aussi, l'idée générale est une assistance.

Ainsi, Allah et ses anges effectuent la prière/salât sur nous. Allah et Ses Anges nous assistent dans le cadre de notre mission sur terre. Il nous facilite le bien et nous protège du mal et de ceux qui le font :

« C'est Lui et Ses Anges qui **prient** sur vous pour vous faire sortir des ténèbres vers la Lumière. Il est très miséricordieux envers les croyants. » (Coran 33 :43)

Dans ce sens également, Allah et Ses Anges prient sur le Prophète et les croyants aussi. Cette prière n'est pas une prononciation de formule imbécile sans action qu'on profère à l'endroit du prophète puisqu'Allah lui-même prie, avec Ses Anges pour le prophète et aussi pour les croyants. La prière prend toujours le sens, dans sa généralité, **de l'assistance** :

« Certes, Allah et Ses Anges **prient sur le prophète**, ô les croyants **priez sur lui** et adressez lui vos salutations. » (Coran 33 :56)

Alors, il est tout à fait clair que **prie sur le prophète** revient à l'aider dans sa mission qui consiste à transmettre et à répandre le message, la vérité, le coran. **Prier sur le prophète** a un sens pratique. Le croyant doit honorer le prophète en marchant dans son sillage, en appliquant le coran sur sa propre personne et en diffusant, aussi largement possible, le message, le coran. **Prier sur le prophète est exactement et exclusivement l'assister dans sa noble mission et de conserver son héritage.**

Le chef d'Etat ou le Gouverneur doit prier sur ses concitoyens. Ainsi le prophète l'avait réalisé en tant que chef d'Etat théocentrique : « **Prélèves sur leur impôt (correspondant à la capacité et aux besoins réels) qui les purifie et les aide au bien-être. Effectues la Prière/Salât sur eux. Vraiment, ta salat/prière est pour eux une source d'apaisement. Allah, perçoit et sait tout.** » (Coran 9 :103)

La prière du gouvernant sur le gouverné consiste à l'élaboration et l'application des politiques publiques sociales de base. L'impôt collecté est redistribué de manière équitable. Cela renforce la cohésion sociale et crée une société sans caste et sans classe, ni tribale ni raciale. Une fois encore, la Salât/prière prend le sens large de **l'assistance.** Ici, le gouvernant doit assister les pauvres en fonction d'impôt versé par les richesses.

Aussi, **la Salât/prière sur un mort** revient à prendre des mesures pour entretenir les bonnes réalisations du défunt et à prendre en charge ses enfants, orphelins, aussi matériellement que spirituellement. Dans ce cas, les négateurs et les personnes perverses dont les bienfaits sont très réduits et leurs méfaits répandus, sont abandonnés à leur sort.

« Et ne fais jamais la Salat sur l'un d'entre eux qui meurt, et ne te tiens pas debout auprès de sa tombe, parce qu'ils n'ont pas cru en Allah et en Son messager, et ils sont morts tout en étant pervers. » (Coran 9 :84)

La prière sur un mort n'est pas simplement une formulation de miséricorde de Dieu à l'égard de celui-ci, car on implore la miséricorde d'Allah qu'à tous les croyants et aux parents. La prière sur un mort est le fait de le rendre vivant tout en étant mort, c'est-à-dire, rendre ses œuvres vivantes et prendre le relais d'éducation de ses enfants.

« Ô mon Seigneur ! Fais que j'accomplisse assidûment la Salat ainsi qu'une partie de ma descendance; exauce ma prière, ô notre Seigneur ! Ô notre Seigneur ! Pardonne-moi, ainsi qu'à mes père et mère et aux croyants, le jour de la reddition des comptes. » (Coran 14 :40-41)

Là encore, la Salât/prière sur le mort prend le sens d'une **assistance**, d'une **aide consentie à protéger l'héritage d'un défunt**.

« **Canalisez (dans la bonne direction) de ce que Nous vous avons octroyé (biens, enfants...) avant que la mort ne vienne à l'un de vous et qu'il dise alors : "Seigneur ! Si seulement Tu m'accordais un court délai : je serais réaliste et je serais parmi les gens de bien".** » (Coran 63 :10)

Quant on fait la Salât/prière, la quête d'assistance, Allah, ainsi Ses Anges, font la salât/prière sur nous, nous assistent, et, à notre tour, nous faisons la salât sur les autres, nous assistons les autres.

Le bien être spirituel et Moral de l'Agent qui prie : « **Ô vous qui croyez ! Si vous craignez Dieu (si vous obéissez à la Loi Divine), Il vous accordera la faculté de discerner entre le Bien et le Mal, absoudra vos péchés (moraux et spirituels) et vous recevra en Sa grâce, ...** » (Coran 8:29).

Pour le Bien-être Spirituel et Moral des Autres : « **Vous êtes la meilleure communauté qui ait jamais été donnée comme exemple aux hommes. En effet, vous recommandez le Bien, vous interdisez le Mal...** » (Coran 3:110).

Le Bien-être matériel des autres : « **Emploie plutôt les richesses que Dieu t'a accordées pour gagner l'ultime demeure, ...** » (Coran 28:77)

Ainsi que son propre Bien-être matériel : « **...sans pour autant renoncer à ta part de bonheur dans ce monde.** » (Coran 28:77)

Le sens de **l'assistance** de la salât/prière se traduit ainsi dans la Sourate **l'assistance, l'aide** : « **Vois-tu celui qui traite de mensonge la Rétribution ? - C'est bien lui qui repousse l'orphelin, et qui n'encourage point à nourrir le pauvre. Malheur donc, à ceux qui prient, tout en négligeant leur Salat, qui sont pleins d'ostentation, et refusent l'aide (à celui qui en a besoin d'être aidé).** » (Coran 107 : 1-7)

En somme, la prière dans sa pratique, possède une réalité et nier sa réalité revient à dénier la vérité. La prière, dans son sens le plus évident, a une vie dans la vie de celui qui l'accomplit.

D'abord, se tenir debout devant Allah avec humilité revient d'y veiller, comme un soldat en sentinelle, au respect des préceptes d'Allah le Contraignant. Ensuite, s'incliner devant Lui est une tendance, une orientation, une inclinaison vers Sa volonté et Sa cause. C'est exactement antinomique et dichotomique aux enclins qu'une personne peut s'adonner à ses désirs, plaisirs, convoitises, envies, vers tous ce qui provoque le courroux d'Allah, Sa Malédiction et Sa riposte. Aussi, se prosterner à Allah veut dire, tout vivement, se soumettre à Allah conformément à Ses Attributs et se comporter comme Son vicaire sur terre et refléter ainsi Ses attributs. Enfin, en étant assis ou couché, en recueillement, on cherche Son pardon et Son agrément pour avoir une personnalité apaisée dans ce bas monde et la conserver dans l'au-delà.

CHAPITRE 3 : LA DYNAMIQUE ET LES PERSPECTIVES DE LA PRIÈRE

POSITION DEBOUT

Toutes les perspectives de la Salât/prière ont été fournies par le Coran notamment dans la première Sourate, l'ouverture. La prière se manifeste par la gloire et les louanges à Allah ainsi que la soumission de la requête en vue de la quête morale et matérielle :

«… Et proclame hautement (et couramment) **Sa grandeur**. » (Coran 17 :111)

« *Au nom d'Allah, le Tout Miséricordieux, le Très Miséricordieux. Louange à Allah, Seigneur de l'univers. Le Tout Miséricordieux, le Très Miséricordieux, Souverain du Jour de la rétribution. C'est Toi Seul à qui nous obéissons, et c'est Toi Seul dont nous implorons l'assistance. Guide-nous dans le droit chemin, le chemin de ceux que Tu as comblés de faveurs, non pas de ceux qui ont encouru Ta colère, ni des égarés.* » (Coran 1 : 1-7)

Néanmoins, il faut noter que si le premier Verset **Au nom d'Allah, le Tout Miséricordieux, le Très Miséricordieux** fait partie intégrante du prologue, beau nombre ne le prononce quant ils citent cette Sourate pendant la prière. Alors que ce Verset est d'une importance capitale puisqu'il introduit la prière par un engagement solennel **AU NOM D'ALLAH** après que **SA GRANDEUR AIT ÉTÉ PROCLAMÉE**. Au demeurant, la sourate de l'ouverture dans la prière trouve sa base légale dans le verset suivant :

وَلَقَدْ آتَيْنَاكَ سَبْعًا مِّنَ الْمَثَانِي وَالْقُرْآنَ الْعَظِيمَ

« Nous t'avons certes donné **les sept** (versets que l'on répète) **en séries de deux**, ainsi que le Coran sublime. » (Coran 15 :87)

Sab'ân (سبعا) signifie **les sept**, et sous entend **sept versets. Min almathânî** (من المثانى) signifie **en séries de deux**. « Almathânî » est le pluriel de « **mathnâ** » (مثنى = « par deux », telle qu'expliquée par exemple dans le Dictionnaire du Saint Coran,

par Omar (Dictionnaire arabe-anglais). Aussi, **mathnâ** (مثنى)
dans le Saint Coran, signifie systématiquement « **deux** » ; **deux
femmes** (Coran 4:3) ; **deux ailes ou paire** (Coran 35:1) ; **deux
personnes** (Coran 34:46)

Les sept versets récités en séries de deux (**sab'an min
almathânî** = سَبْعًا مِّنَ الْمَثَانِي) ont toujours été connus
historiquement en Islam comme un nom ou un attribut de la
sourate 1, l'ouverture, car elle est systématiquement récitée
en séries de deux dans la prière, c'est-à-dire, une fois par
rak'ah (une fois quand on se tient debout), deux rak'ahs (deux
fois debout) formant une entité et une unité de prière bien
définies.

Ainsi, le pluriel **almathâni** signifie **en séries de deux**, c'est-à-
dire au moins **trois séries** de **deux sourates 1, l'ouverture** par
jour, puisqu'il s'agit d'un **pluriel classique** (et non d'un **pluriel
duel**, qui aurait signifié seulement deux séries).

Bien que les hadiths ont dénaturé la dynamique et les
perspectives de la prière, un hadith témoigne, de manière
flagrante, l'initiation divine de la prière en **deux rak'ah** (deux
cycles : debout + incliné + prosterne × 2) :

Aïcha la mère des Croyants a dit : « ***En prescrivant les prières,
Dieu les limita à deux raka'ah tant pour les agglomérations
que dans les voyages.*** *La prière du voyage fut laissée telle
qu'elle, et celle pratiquée dans les zones urbaines, prolongée.*
» **Sahih Bukhari, Tome 1, Page 184**

Il est intéressant que ce hadith indique que Dieu a ordonné
deux rak'ahs, mais reste vague quant à qui a changé la
pratique initiale.

C'est ainsi, la dynamique de la prière commence par la position debout telle que le Coran donne les détails, contrairement à certaines superficialités de pensées qui croient comme dure qu'Allah n'a pas donné suffisamment de détails à la dynamique et aux perspectives de la prière :

«… Adoptez donc pour lieu de prière, ce lieu où Abraham se tint **debout** » (Coran 2 :125)

« Soyez assidus aux Salats et surtout la Salat médiane; et tenez-vous **debout** devant Allah, avec humilité. » (Coran 2 :238)

« Alors, les Anges l'appelèrent pendant que, **debout**, il priait dans le Sanctuaire… » (Coran 3 :39)

Là sont des signes évidents, parmi lesquels l'endroit où Abraham s'est tenu **debout**… » (Coran 3 :97)

« Et lorsque tu (Muhammad) te trouves parmi eux, et que tu les diriges dans la Salat, qu'un groupe d'entre eux se mette **debout** en ta compagnie, en gardant leurs armes… » (Coran 4 :102)

Ne te **tient** jamais dans (cette mosquée). Car une Mosquée fondée dès le premier jour, sur la piété, est plus digne que tu t'y tiennes **debout** (pour y prier) … » (Coran 9 :108)

« Et quand Nous indiquâmes pour Abraham le lieu de la Maison (La Kaaba) [en lui disant]: "Ne M'associe rien; et purifie Ma Maison pour ceux qui tournent autour, pour qui s'y tiennent **debout** et pour ceux qui s'y inclinent et se prosternent". » (Coran 22 :26)

«… qui passent les nuits prosternés et **debout** devant leur Seigneur. » (Coran 25 :64)

« Est-ce que celui qui, aux heures de la nuit, reste en dévotion, prosterné et **debout**, prenant garde à l'au-delà et espérant la miséricorde de son Seigneur... » (Coran 39 :9)

« Et quand le serviteur d'Allah s'est mis **debout** pour L'invoquer, ils faillirent se ruer en masse sur lui. » (Coran 72 :19)

« Ton Seigneur sait, certes, que tu (Muhammad) te tiens **debout** moins de deux tiers de la nuit, ou sa moitié, ou son tiers. » (Coran 73 :20)

Il requiert pendant la position debout dans la prière, de réciter ce qu'il soit possible dans le Coran. On ne prie que de ce qui se trouve dans le Coran. Voilà le contenu de la prière pendant qu'on est debout :

«… **Récitez donc ce qui [vous] est possible du Coran**. Il sait qu'il y aura parmi vous des malades, et d'autres qui voyageront sur la terre, en quête de la grâce d'Allah, et d'autres encore qui combattront dans le chemin d'Allah. **Récitez-en donc ce qui [vous] sera possible**... » (Coran 73 :20)

POSITION INCLINÉE

La position inclinée dans le Coran est claire. Il est tout à fait stupide de s'attarder sur le degré d'inclinaison dès lors qu'Allah nous demande de nous incliner. Ainsi, les juifs ont discuté inutilement sur la simple immolation d'une vache mettant en cause leur sincérité quant à l'injonction d'Allah. L'inclinaison, peut importe son degré, est essentiellement une position de soumission et de recueillement. Seule l'humilité l'emporte.

« Et accomplissez la Salat, et acquittez la Zakat, et **inclinez-vous avec ceux qui s'inclinent**. » (Coran 2 :43)

« … Purifiez Ma Maison pour ceux qui tournent autour, y font retraite pieuse, **s'y inclinent** et s'y prosternent. » (Coran 2 :125)

« Ô Marie, obéis à Ton Seigneur, prosterne-toi, et **incline-toi** avec ceux qui **s'inclinent**. » (Coran 3 : 43)

« Vous n'avez d'autres alliés qu'Allah, Son messager, et les croyants qui accomplissent la Salat, s'acquittent de la Zakat, et **s'inclinent** (devant Allah). » (Coran 5 :55)

« Ils sont ceux qui se repentent, qui adorent, qui louent, qui parcourent la terre (ou qui jeûnent), qui **s'inclinent**, qui se prosternent, qui commandent le convenable et interdisent le blâmable et qui observent les lois d'Allah... et fais bonne annonce aux croyants » (Coran 9 :112)

« Et quand Nous indiquâmes pour Abraham le lieu de la Maison (La Kaaba) [en lui disant]: "Ne M'associe rien; et purifie Ma Maison pour ceux qui tournent autour, pour qui s'y tiennent debout et pour ceux qui **s'y inclinent** et se prosternent". » (Coran 22 :26)

« Ô vous qui croyez ! **Inclinez-vous**, prosternez-vous, adorez votre Seigneur, et faites le bien. Peut-être réussirez-vous ! » (Coran 22 :77)

« … Tu les vois **inclinés**, prosternés, recherchant d'Allah grâce et agrément… » (Coran 48 :29)

Si la dynamique de la prière passe par l'inclinaison, ses perspectives renvoient à la gloire d'Allah et orientent vers Ses louanges. À cela, la prière imposée par les hadiths se limite à une monotonie de gloire alors que celle-ci est diversifiée conformément aux Noms sublimes d'Allah.

Il est cité pendant l'inclinaison dans la prière des hadiths qu'Allah soit glorifié, le Puissant (Al-Azim). Alors qu'Allah nous recommande de le glorifier par Ses Noms et non par un seul Nom pendant qu'on s'incline :

« C'est à Allah qu'appartiennent **les noms les plus beaux**. Invoquez-Le par ces noms et laissez ceux qui profanent Ses noms : ils seront rétribués pour ce qu'ils ont fait. » (Coran 7 : 180)

« Dis : "Invoquez Allah, ou invoquez le Tout Miséricordieux. Quel que soit le nom par lequel vous l'appelez, **Il a les plus beaux noms**"… » (Cora 17 :110)

« Allah ! Point de divinité que Lui ! **Il possède les noms les plus beaux.** » (Coran 20 :8)

« C'est Lui Allah, **le Créateur, Celui qui donne un commencement à toute chose, le Formateur. A Lui les plus beaux noms.** Tout ce qui est dans les cieux et la terre Le glorifie. Et c'est Lui **le Puissant, le Sage.** » (Coran 59 :24)

« Glorifie le **nom** de ton Seigneur, **le Très Haut** » (Coran 87 :1)

Au lieu d'une monotonie de gloire, Allah nous dresse Ses Noms pour qu'on Le glorifie par ces derniers. Ainsi, pendant l'inclinaison, Allah est glorifié et Sanctifié tels que :

« Tout ce qui est dans les cieux et la terre glorifie Allah. Et c'est Lui le **Puissant**, le **Sage**. A Lui appartient la souveraineté des cieux et de la terre. **Il fait vivre** et **il fait mourir**, et Il est **Omnipotent**. C'est Lui le **Premier** et le **Dernier**, **l'Apparent** et le **Caché** et Il est **Omniscient**. » (Coran 57 :1-3)

« C'est Lui Allah. Nulle divinité autre que Lui, le **Connaisseur de l'Invisible tout comme du visible**. C'est Lui, le **Tout Miséricordieux**, le **Très Miséricordieux**. C'est Lui, Allah. Nulle divinité que Lui; Le **Souverain**, le **Pur**, **L'Apaisant**, Le **Rassurant**, le **Prédominant**, Le **Tout Puissant**, Le **Contraignant**, **L'Orgueilleux**. Gloire à Allah ! Il transcende ce qu'ils Lui associent. C'est Lui Allah, le **Créateur**, **Celui qui donne un commencement à toute chose**, le **Formateur**. A Lui les plus beaux noms. Tout ce qui est dans les cieux et la terre Le glorifie. Et c'est Lui le Puissant, le Sage. » (Coran 59 :22-24)

«... Allah est **Pardonneur** et **Patient** » (Coran 2 :225)

«... Allah est **Pardonneur** et **Plein de Mansuétude** » (Coran 2 :235)

« (Il est) Dieu **le Suprême Refuge** (le Détenteur de la Perfection Absolue). » (Coran 112:2)

«... Allah est **Clément** et **Pardonneur** » (Coran 4 :99)

«... Allah, en vérité, Est **Témoin de tout**. » (Coran 4 :33)

« En vérité, c'est Allah qui est le **Grand Pourvoyeur**, Le **Détenteur de la force, l'Inébranlable**. » (Coran 51 :58)

« Et implorez le pardon de votre Seigneur et repentez-vous à Lui. Mon Seigneur est vraiment **Miséricordieux** et **plein d'amour"**. » (Coran 11 :90)

« Le **Maître du Trône**, le **Tout Glorieux** » (Coran 85 :15)

« Allah ! Point de divinité à part Lui, le **Vivant**, l'**Eternel. Ni somnolence ni sommeil ne Le saisissent. A lui appartient tout ce qui est dans les cieux et sur la terre.** Qui peut intercéder auprès de Lui sans Sa permission ? Il **connaît leur passé et leur futur.** Et, de **Sa science, ils n'embrassent que ce qu'Il veut.** Son Trône déborde les cieux et la terre, dont la garde ne Lui coûte aucune peine. Et Il est le **Très Haut**, le **Très Grand**. » (Coran 2 :255)

« Allah est la **Lumière des cieux et de la terre...** » (Coran 24 :35)

«... Vraiment, votre Seigneur est **Compatissant** et **Miséricordieux**. » (Coran 16 :7)

« Et s'ils tournent le dos, sachez alors qu'Allah est votre **Maître**. Quel **excellent Maître** et quel **excellent Protecteur!** » (Coran 8 :40)

« Ô mon Seigneur, Tu m'as donné du pouvoir et m'as enseigné l'interprétation des rêves. [C'est Toi Le] **Créateur des cieux et de la terre**, Tu es mon **patron**, ici-bas et dans l'au-delà. Fais-moi mourir en parfaite soumission et fait moi rejoindre les vertueux. » (Coran 12 :101)

« Allah est le **Créateur de toute chose**, et **de toute chose Il est Garant**. » (Coran 39 :62)

« Il dit : "Seigneur, pardonne-moi et fais-moi don d'un royaume tel que nul après moi n'aura de pareil. **C'est Toi le grand Dispensateur**". » (Coran 38 :35)

«... Allah **Se suffit à Lui-même** et est **Digne de louange**. » (Coran 60 :6)

«... Ton Seigneur, cependant, **assure la sauvegarde de toute chose**. » (Coran 34 :21)

« [Seule] subsistera La Face [Wajh] de ton Seigneur, **plein de majesté et de noblesse**. » (Coran 55 :27)

«... Dis : "Allah est le **Créateur de toute chose**, et c'est Lui **l'Unique**, le **Dominateur suprême**". » (Coran 13 :16)

«... alors, par la louange, célèbre la gloire de ton Seigneur et implore Son pardon. Car c'est Lui **le grand Accueillant au repentir**. » (Coran 110 :3)

« Béni soit le Nom de ton Seigneur, **Plein de Majesté et de Munificence** ! » (Coran 55 :78)

«... Le jugement n'appartient qu'à Allah : Il tranche en toute vérité et Il est **le meilleur des juges**. » (Coran 6 :57)

«... Mais Allah est **le meilleur gardien**, et **Il est Le plus Miséricordieux des miséricordieux** ! » (Coran 12 :64)

« Ne connaît-Il pas ce qu'Il a créé alors que c'est Lui **Compatissant, le Parfaitement Connaisseur**. » (Coran 67 :14)

Maintenant imaginez bien comment serait une prière enrichie de glorification d'Allah par Ses noms sublimes pendant l'inclinaison ou la prosternation : **Gloire à Allah le Dispensateur, le Pardonneur, le très Miséricordieux, le Tout Miséricordieux, Le Sage, le Puissant, le Dominateur, le plus Haut, l'Indulgent, le Digne de louange… etc.** Et, pendant qu'on termine l'inclinaison avec toutes les gloires et honneurs rendues Allah, la vérité s'exclame : « Et dis : "**Louange à Allah qui ne S'est jamais attribué d'enfant, qui n'a point d'associé à la Souveraineté et qui n'a jamais eu de protecteur de l'humiliation**". Et proclame hautement Sa grandeur. » (Coran 17 :111)

Il est donc logique de proclamer ainsi hautement et fréquemment Sa grandeur en se prosternant.

LA POSITION DE PROSTERNATION

La prosternation en tant que 3ème moment dans la dynamique de la prière est comme l'inclinaison, un recueillement. Elle est un symbole de soumission totale à Allah :

« Purifiez Ma Maison pour ceux qui tournent autour, y font retraite pieuse, s'y inclinent et **s'y prosternent**. » (Coran 2 :125)

« Ô Marie, obéis à Ton Seigneur, **prosterne-toi**, et incline-toi avec ceux qui s'inclinent. » (Coran 3 :43)

« Mais il ne sont pas tous pareils. Il est, parmi les gens du Livre, une communauté droite qui, aux heures de la nuit, récite les versets d'Allah en se **prosternant**. » (Coran 3 :113)

«… Puis lorsqu'ils ont terminé la **prosternation**, qu'ils passent derrière vous et que vienne l'autre groupe, ceux qui n'ont pas encore célébré la Salat… » (Coran 4 :102)

« Dis : "Mon Seigneur a commandé l'équité. Que votre **prosternation** soit exclusivement pour Lui. Et invoquez-Le, sincères dans votre culte… ". » (Coran 7 :29)

«… Ils Le glorifient et se **prosternent** devant Lui. » (Coran 7 :206)

« Ils sont ceux qui se repentent, qui adorent, qui louent, qui parcourent la terre (ou qui jeûnent), qui s'inclinent, qui se **prosternent**, qui commandent le convenable et interdisent le blâmable et qui observent les lois d'Allah… et fais bonne annonce aux croyants. » (Coran 9 :112)

« Glorifie donc Ton Seigneur par Sa louange et sois de ceux qui se **prosternent**. » (Coran 15 : 98)

« Ô vous qui croyez ! Inclinez-vous, **prosternez-vous**, adorez votre Seigneur, et faites le bien. Peut-être réussirez-vous ! » (Coran 22 :77)

« Les serviteurs du Tout Miséricordieux sont ceux qui marchent humblement sur terre, qui, lorsque les ignorants s'adressent à eux, disent : "Paix", qui passent les nuits **prosternés** et debout devant leur Seigneur... » (Coran 25 : 63-64)

« Et place ta confiance dans le Tout Puissant, le Très Miséricordieux, qui te voit quand tu te lèves, et (voit) tes gestes parmi ceux qui **se prosternent**. » (Coran 26 : 217-219)

« Seuls croient en Nos versets ceux qui, lorsqu'on les leur rappelle, tombent **prosternés** et, par des louanges à leur Seigneur, célèbrent Sa gloire et ne s'enflent pas d'orgueil. Ils s'arrachent de leurs lits pour invoquer leur Seigneur, par crainte et espoir; et ils font largesse de ce que Nous Leur attribuons. » (Coran 32 :15-16)

« Est-ce que celui qui, aux heures de la nuit, reste en dévotion, **prosterné** et debout, prenant garde à l'au-delà et espérant la miséricorde de son Seigneur... Dis : "Sont-ils égaux, ceux qui savent et ceux qui ne savent pas ? " Seuls les doués d'intelligence se rappellent. » (Coran 39 : 9)

«... Tu les vois inclinés, **prosternés**, recherchant d'Allah grâce et agrément. **Leurs visages sont marqués par la trace laissée par la prosternation...** » (Coran 48 :29)

«... et célèbre Sa gloire, une partie de la nuit à la suite de la **prosternation**. » (Coran 50 :40)

« **Prosternez-vous** donc à Allah et adorez-Le. » (Coran 53 :62)

«... et **prosterne-toi** devant Lui une partie de la nuit; et glorifie Le de longues [heures] pendant la nuit. » (Coran 76 :26)

« Non ! Ne lui obéis pas; mais **prosterne-toi** et rapproche-toi. » (Coran 96 :19)

Il ressort clairement de ces versets que l'importance d'une prière ne réside pas dans sa quantité de la prosternation mais plutôt dans sa qualité, sa sincérité, sa longueur et son humilité. Elle est exclusive à Allah pour Sa Grandeur, Sa Sagesse, Son Omnipotence, Son Omniprésence, Son Indulgence… etc. Il est glorifié et honoré par ses attributs :

«…Proclame hautement (et couramment) **Sa grandeur** » (17 :111)

« Louange à Allah, **Seigneur de l'univers**. » (Coran 1 :2)

« Dis : "Chercherais-je un autre Seigneur qu'Allah, alors qu'Il est le **Seigneur de toute chose** ? » (Coran 6 : 164)

« Dis : "Qui est **le Seigneur des cieux et de la terre** ? " Dis : "Allah"… » (Coran 13 :16)

« Dis : "Qui est **le Seigneur des sept cieux** et le **Seigneur du Trône sublime** ? " » (Coran 23 :86)

« [Moïse] continue : "... Votre Seigneur, et **le Seigneur de vos plus anciens ancêtres**". » (Coran 26 : 26)

« Il m'a été seulement commandé d'adorer **le Seigneur de cette Ville** (la Mecque) qu'Il a sanctifié… » (Coran 27 :91)

« Votre Dieu est en vérité unique, **le Seigneur des cieux et de la terre et de ce qui existe entre eux** et **Seigneur des Levants**. » (Coran 37 :4-5)

« Alors, s'ils se détournent, dis : "Allah me suffit. Il n'y a de divinité que Lui. En Lui je place ma confiance; et Il est **Seigneur du Trône immense**". » (Coran 9 :129)

« S'il y avait dans le ciel et la terre des divinités autre qu'Allah, tous deux seraient certes dans le désordre. Gloire, donc à Allah, **Seigneur du Trône**; Il est au-dessus de ce qu'ils Lui attribuent ! » (Coran 21 :22)

« [Moïse] ajouta : "... **Le Seigneur du Levant et du Couchant** et de ce qui est entre les deux; si seulement vous compreniez ! " » (Coran 26 :28)

« Gloire à ton Seigneur, **le Seigneur de la puissance**. Il est au-dessus de ce qu'ils décrivent ! » (Coran 37 : 180)

« Et c'est Lui qui est **le Seigneur de Sirius**. » (Coran 53 :49)

« Dis : "Je cherche protection auprès du **Seigneur de l'aube naissante**. » (Coran 113 :1)

« Dis : "Je cherche protection auprès du **Seigneur des hommes**. » (Coran 114 :1)

Donc, voilà, entre autres les attributs d'Allah par lesquels Il est glorifié pendant l'inclinaison ou la prosternation dans la prière.

POSITION D'ASSISE

La position assise est celle qui suit logiquement après une prosternation plus ou moins longue :

وَمِنَ اللَّيْلِ فَسَبِّحْهُ وَأَدْبَارَ السُّجُودِ

«... et célèbre Sa gloire, une partie de la nuit et **au dos de la prosternation**. » (Coran 50 :40)

Le **dos** أَدْبَرَ de la prosternation, moment où Allah est glorifié, implique que la prière ne prend pas fin juste après la prosternation comme le pensent certaines personnes car au **dos de la prosternation** signifie ce qui couvre celle-ci. Comme le dos d'un livre, sa quatrième de couverture, le dos de la prosternation est un moment de couverture de la prière émaillé de glorifications et d'invocations pendant qu'on se trouve assis :

«... qui, debout, **assis**, couchés sur leurs côtés, invoquent Allah et méditent sur la création des cieux et de la terre (disant) : " Notre Seigneur ! Tu n'as pas créé cela en vain. Gloire à Toi ! Garde-nous du châtiment du Feu. » (Coran 3 :191)

« Et quand le malheur touche l'homme, il fait appel à Nous, couché sur le côté, **assis**, ou debout… » (Coran 10 :12)

La position assise est aussi un moment intime qui rapproche d'Allah par Ses louanges et Sa glorification. Allah, dans son Livre, a donné tous les détails de la manière de le glorifier ou de le louer :

«... **c'Est Toi le Créateur des cieux et de la terre…** » (Coran **12 :101**)

« Et dis : "Louange à Allah qui ne S'est jamais attribué d'enfant, qui n'a point d'associé en la royauté et qui n'a jamais eu de protecteur de l'humiliation". Et proclame hautement Sa grandeur. » (Coran 17 :111)

« **Louange à Allah qui a fait descendre sur Son serviteur (Muhammad), le Livre, et n'y a point introduit de tortuosité** (ambiguïté) ! » (Coran 18 :1)

« Nous avons effectivement donné à David et à Salomon une science; et ils dirent : "**Louange à Allah qui nous a favorisés à beaucoup de Ses serviteurs croyants**". » (Coran 27 :15)

« C'est lui Allah. **Pas de divinité à part Lui. A Lui la louange ici-bas comme dans l'au-delà. A Lui appartient le jugement. Et vers Lui vous serez ramenés**. » (Coran 28 :70)

« **Louange à Allah à qui appartient tout ce qui est dans les cieux et tout ce qui est sur la terre. Et louange à Lui dans l'au-delà. Et c'est Lui le Sage, le Parfaitement Connaisseur**. » (Coran 34 :1)

« **Louange à Allah, Créateur des cieux et de la terre, qui a fait des Anges des messagers dotés de deux, trois, ou quatre ailes. Il ajoute à la création ce qu'Il veut, car Allah est Omnipotent**. » (Coran 35 :1)

« **Louange à Celui qui a créé tous les couples de ce que la terre fait pousser**, d'eux-mêmes, et de ce qu'ils ne savent pas ! » (Coran 36 :36)

« **Louange donc, à Celui qui détient en sa main la royauté sur toute chose ! Et c'est vers Lui que vous serez ramenés**. » (Coran 36 :83)

« Et ils diront : "**Louange à Allah qui nous a tenu Sa promesse et nous a fait hérité la terre …** » (Coran 39 :74)

« Ils disent : "Allah S'est donné un enfant" **Gloire et Pureté à Lui ! Il est le Riche par excellence. A Lui appartient tout ce qui est aux cieux et sur la terre**; - vous n'avez pour cela aucune preuve. Allez-vous dire contre Allah ce que vous ne savez pas ? » (Coran 10 :68)

« L'ordre d'Allah arrive. Ne le hâtez donc pas. **Gloire à lui ! Il est au-dessus de ce qu'on Lui associe.** » (Coran 16 :1)

« S'il y avait dans le ciel et la terre des divinités autre qu'Allah, tous deux seraient certes dans le désordre. **Gloire, donc à Allah, Seigneur du Trône; Il est au-dessus de ce qu'ils Lui attribuent !** » (Coran 21 :22)

«… **Gloire et pureté à Allah ! Il est Supérieur à tout ce qu'ils décrivent.** » (Coran 23 :91)

«… **Gloire à Allah le Meilleur des créateurs !** » (Coran 23 :14)

« Ils diront : "**Gloire à Toi ! Tu es notre Allié en dehors d'eux.** » (Coran 34 :41)

« **Gloire à ton Seigneur, le Seigneur de la puissance. Il est au-dessus de ce qu'ils décrivent !** » (Coran 37 :180)

«… **Gloire à Celui qui nous a soumis tout cela alors que nous n'étions pas capables de les dominer.** » (Coran 43 :13)

« **Gloire au Seigneur des cieux et de la terre, Seigneur du Trône; Il transcende de ce qu'ils décrivent.** » (Coran 43 :82)

« **Que soit béni Celui qui a placé au ciel des constellations et y a placé un luminaire (le soleil) et aussi une lune éclairante !** » (Coran 25 :61)

« Et **béni soit Celui à qui appartient le souveraineté des cieux et de la terre et de ce qui est entre eux. Il détient la science de l'Heure. Et c'est vers Lui que vous serez ramenés.** » (Coran 43 :85)

« **Béni soit celui dans la main de qui est la souveraineté, et Il est Omnipotent.** » (Coran 67 :1)

«... Et **à Allah seul appartient la souveraineté des cieux et de la terre et de ce qui se trouve entre les deux. Et c'est vers Lui que sera la destination finale.** » (Coran 5 :18)

« **A Allah appartient la souveraineté des cieux et de la terre. Il donne la vie et Il donne la mort.** Et il n'y a pour vous, en dehors d'Allah, ni allié ni protecteur. » (Coran 9 :116)

« Ce qui est dans les cieux et ce qui est sur la terre glorifient Allah. **A Lui la souveraineté et à Lui les louanges. Et Il est Omnipotent.** » (Coran 64 :1)

« **A Allah appartient tout ce qui est dans les cieux et sur la terre. Il pardonne à qui Il veut, et Il châtie qui Il veut.... Et Allah est Pardonneur et Miséricordieux.** » (Coran 3 :129)

« **A Allah appartient l'Inconnaissable des cieux et de la terre, et c'est à Lui que revient l'ordre tout entier.** Adore-Le donc et place ta confiance en Lui. Ton Seigneur n'est pas inattentif à ce que vous faites. » (Coran 11 :123)

«... **A Allah appartient le commandement, au début et à la fin**, et ce jour-là les Croyants se réjouiront. » (Coran 30 :4)

« **A Allah appartient tout ce qui est dans les cieux et en terre. Allah est Celui qui se suffit à Lui-même, Il est Le Digne de louange** ! » (Coran 31 :26)

«... **A Allah appartiennent les armées des cieux et de la terre; et Allah est Omniscient et Sage**. » (Coran 48 :4)

« **Que soit exalté Allah, le vrai Souverain ! Pas de divinité en dehors de Lui, le Seigneur du Trône sublime** ! » (Coran 23 :116)

Ainsi, après la glorification d'Allah par les formules mentionnées ci-dessus, un salut est adressé à soi-même et aux messagers, tous, sans exception :

« Et **paix sur les Messagers**... » (Coran 37 :181)

« Et **que la paix soit sur moi le jour où je naquis, le jour où je mourrai, et le jour où je serai ressuscité vivant**. » (Coran 19 :33)

« Là, leur **invocation** sera "Gloire à Toi, ô Allah", et leur **salutation** : "Salam", [Paix !] et **la fin de leur invocation** : "Louange à Allah, Seigneur de l'Univers". » (Coran 10 :10)

Tout naturellement, la seconde partie de la prière, de l'invocation d'Allah pendant qu'on est assis, consiste à soumettre des requêtes à Allah. Le Coran a rapporté, comme un catalogue humain, tous les maux et besoins auxquels l'homme peut heurter et leurs solutions exhaustives ; entre plusieurs autres :

« ... ô notre Seigneur, accepte ceci de notre part ! Car c'est Toi l'Audient, l'Omniscient. » (Coran 2 :127)

« Notre Seigneur ! Fais de nous Tes Soumis, et de notre descendance une communauté soumise à Toi. Et montre-nous nos rites et accepte de nous le repentir. Car c'est Toi certes l'Accueillant au repentir, le Miséricordieux. » (Coran 2 :128)

« Et il est des gens qui disent : "Seigneur ! Accorde nous belle part ici-bas, et belle part aussi dans l'au-delà; et protège-nous du châtiment du Feu ! ". » (Coran 2 :201)

« Et quand ils affrontèrent Goliath et ses troupes, ils dirent : "Seigneur ! Déverse sur nous l'endurance, affermis nos pas et donne-nous la victoire sur ce peuple infidèle". » (Coran 2 :250)

« Le Messager a cru en ce qu'on a fait descendre vers lui venant de son Seigneur, et aussi les croyants : tous ont cru en Allah, en Ses anges, à Ses livres et en Ses messagers; (en disant) : "Nous ne faisons aucune distinction entre Ses messagers". Et ils ont dit : "Nous avons entendu et obéi. Seigneur, nous implorons Ton pardon. C'est à Toi que sera le retour". » (Coran 2 :285)

« Allah n'impose à aucune âme une charge supérieure à sa capacité. Elle sera récompensée du bien qu'elle aura fait, punie du mal qu'elle aura fait. Seigneur, ne nous châtie pas s'il nous arrive d'oublier ou de commettre une erreur.

Seigneur ! Ne nous charge pas d'un fardeau lourd comme Tu as chargé ceux qui vécurent avant nous. Seigneur ! Ne nous impose pas ce que nous ne pouvons supporter, efface nos fautes, pardonne-nous et fais nous miséricorde. Tu es Notre Maître, accorde-nous donc la victoire sur les peuples infidèles. » (Coran 2 :286)

« Seigneur ! Ne laisse pas dévier nos cœurs après que Tu nous aies guidés; et accorde-nous Ta miséricorde. C'est Toi, certes, le Grand Donateur ! » (Coran 3 :8)

« Seigneur ! C'est Toi qui rassembleras les gens, un jour - en quoi il n'y a point de doute - Allah, vraiment, ne manque jamais à Sa promesse. » (Coran 3 :9)

«... qui disent : "ô notre Seigneur, nous avons foi; pardonne-nous donc nos péchés, et protège-nous du châtiment du Feu" » (Coran 3 :16)

« Alors, Zacharie pria son Seigneur, et dit : "ô mon Seigneur, donne-moi, venant de Toi, une excellente descendance. Car Tu es Celui qui entend bien la prière". » (Coran 3 :38)

« Seigneur ! Nous avons cru à ce que Tu as fait descendre et suivi le messager. Inscris-nous donc parmi ceux qui témoignent" . » (Coran 3 :53)

« Et ils n'eurent que cette parole : "Seigneur, pardonne-nous nos péchés ainsi que nos excès dans nos comportements, affermis nos pas et donne-nous la victoire sur les gens mécréants". » (Coran 3 :147)

«... qui, debout, assis, couchés sur leurs côtés, invoquent Allah et méditent sur la création des cieux et de la terre (disant) : "

Notre Seigneur ! Tu n'as pas créé cela en vain. Gloire à Toi ! Garde-nous du châtiment du Feu. » (Coran 3 :191)

« Seigneur ! Nous avons entendu l'appel de celui qui a appelé ainsi à la foi : "Croyez en votre Seigneur" et dès lors nous avons cru. **Seigneur, pardonne-nous nos péchés, efface de nous nos méfaits, et place nous, à notre mort, avec les gens de bien.** » (Coran 3 :193)

« **Seigneur ! Donne-nous ce que Tu nous a promis par Tes messagers. Et ne nous couvre pas d'ignominie au Jour de la Résurrection. Car Toi, Tu ne manques pas à Ta promesse".** » (Coran 3 :193)

« Et qu'avez vous à ne pas combattre dans le sentier d'Allah, et pour la cause des faibles : hommes, femmes et enfants qui disent : "**Seigneur ! Fais-nous sortir de cette cité dont les gens sont injustes, et assigne-nous de Ta part un allié, et assigne-nous de Ta part un secoureur".** » (Coran 4 :75)

« Et quand ils entendent ce qui a été descendu sur le Messager [Muhammad], tu vois leurs yeux déborder de larmes, parce qu'ils ont reconnu la vérité. Ils disent : "**ô notre Seigneur ! Nous croyons : inscris-nous donc parmi ceux qui témoignent (de la véracité du Coran).** » (Coran 5 :83)

« Tous deux dirent : "**ô notre Seigneur, nous avons fait du tort à nous-mêmes. Et si Tu ne nous pardonnes pas et ne nous fais pas miséricorde, nous serons très certainement du nombre des perdants".** » (Coran 7 :23)

« Et quand leurs regards seront tournés vers les gens du Feu, ils diront : "ô **notre Seigneur ! Ne nous mets pas avec le peuple injuste**". » (Coran 7 :47)

« Certes, nous aurions forgé un mensonge contre Allah si nous revenions à votre religion après qu'Allah nous en a sauvés. Il ne nous appartient pas d'y retourner à moins qu'Allah notre Seigneur ne le veuille. Notre Seigneur embrasse toute chose de Sa science. C'est en Allah que nous plaçons notre confiance. **Ô notre Seigneur, tranche par la vérité, entre nous et notre peuple car Tu es le meilleur des juges**." » (Coran 7 :89)

« Tu ne te venges de nous que parce que nous avons cru aux preuves de notre Seigneur, lorsqu'elles nous sont venues. **Ô notre Seigneur ! Déverse sur nous l'endurance et fais nous mourir entièrement soumis**." » (Coran 7 :126)

« Ils dirent : "En Allah nous plaçons notre confiance. **Ô notre Seigneur, ne fais pas de nous une cible pour les persécutions des injustes. Et délivre-nous, par Ta miséricorde, des gens mécréants**". » (Coran 10 :85-86)

« **Ô mon Seigneur ! Fais que j'accomplisse assidûment la Salat ainsi qu'une partie de ma descendance; exauce ma prière, ô notre Seigneur !** » (Coran 14 :40)

« **Ô notre Seigneur ! Pardonne-moi, ainsi qu'à mes père et mère et aux croyants, le jour de la reddition des comptes**". » (Coran 14 :41)

« Et dis : "**ô mon Seigneur; fais que j'entre par une entrée de vérité et que je sorte par une sortie de vérité; et accorde-moi**

de Ta part, un pouvoir bénéficiant de Ton secours". » (Coran 17 :80)

« Quand les jeunes se furent réfugiés dans la caverne, ils dirent : "**ô notre Seigneur, donne nous de Ta part une miséricorde; et assure nous la droiture dans tout ce qui nous concerne".** » (Coran 18 :10)

«Moïse dit : **Seigneur fais cesser l'angoisse qui me serre le cœur, facilite ma tâche ! Délie ma langue et débarrasse-la de toute ambiguïté, afin qu'on comprenne ce que je dis !** » (Coran 20 :25-28)

« Que soit exalté Allah, le Vrai Souverain ! Ne te hâte pas [de réciter] le Coran avant que ne te soit achevée sa révélation. Et dis : "**ô mon Seigneur, accroît mes connaissances ! "** » (Coran 20 :114)

« Et Zacharie, quand il implora son Seigneur : "**Ne me laisse pas seul, Seigneur, alors que Tu es le meilleur des héritiers".** » (Coran 21 :89)

« Dis : "**Seigneur, si jamais Tu me montres ce qui leur est promis; alors, Seigneur, ne me place pas parmi les gens injustes.** » (Coran 23 :93-94)

« Et dis : "**Seigneur, je cherche Ta protection, contre les incitations des diables, et je cherche Ta protection, Seigneur, contre leur présence auprès de moi".**» (Coran 23 :97-98)

« Et dis : "**Seigneur, pardonne et fais miséricorde. C'est Toi le Meilleur des miséricordieux".** » (Coran 23 :118)

« **Seigneur, éloigne-nous du supplice de l'enfer, qui est vraiment le plus atroce des supplices, ainsi qu'un mauvais lieu pour y séjourner et pour s'y arrêter** ! » (Coran 25 :65-66)

« Il dit : "**Seigneur, j'ai été injuste envers moi-même; pardonne-moi**". Et Il lui pardonna. C'est Lui vraiment le Pardonneur, le Miséricordieux ! » (Coran 28 :16)

« Il sortit de là, craintif, regardant autour de lui. Il dit : "**Seigneur, sauve-moi de [ce] peuple injuste** ! ". » (Coran 28 :21)

« Il abreuva [les bêtes] pour elles puis retourna à l'ombre et dit : "**Seigneur, j'ai grand besoin de toute grâce dont Tu voudras bien me gratifier**". » (Coran 28 :24)

« Il dit : "**Seigneur, Viens à mon secours contre ces corrupteurs** ! " » (Coran 29 :30)

« **Seigneur, veuille m'accorder une vertueuse progéniture** !» (Coran 37 :100)

« Ceux (les Anges) qui portent le Trône et ceux qui l'entourent célèbrent les louanges de leur Seigneur, croient en Lui et implorent le pardon pour ceux qui croient : "**Seigneur ! Tu étends sur toute chose Ta miséricorde et Ta science. Pardonne donc à ceux qui se repentent et suivent Ton chemin et protège-les du châtiment de l'enfer. Seigneur ! Fais-les entrer aux jardins d'Eden que Tu leur as promis, ainsi qu'aux vertueux parmi leurs ancêtres, leurs épouses et leurs descendants, car c'est Toi le Puissant, le Sage. Et préserve-les [du châtiment] des mauvaises actions. Quiconque Tu préserves [du châtiment] des mauvaises actions ce jour-là,**

Tu lui feras miséricorde". Et c'est là l'énorme succès. » (Coran 40 :7-9)

« Et Nous avons enjoint à l'homme de la bonté envers ses père et mère : sa mère l'a péniblement porté et en a péniblement accouché; et sa gestation et sevrage durant trente mois; puis quand il atteint ses pleines forces et atteint quarante ans, il dit : " **Seigneur, fais que je sois reconnaissant envers Toi pour les bienfaits dont Tu nous as comblés, moi et mes parents, et que j'accomplisse de bonnes œuvres que Tu agréeras ! Fais aussi que ma postérité soit d'une bonne moralité ! Je reviens repentant vers Toi et me déclare du nombre des soumis".»** (Coran 46 :15)

«... Et [il appartient également] à ceux qui sont venus après eux en disant : "**Seigneur, pardonne-nous, ainsi qu'à nos frères qui nous ont précédés dans la foi; et ne mets dans nos cœurs aucune rancœur pour ceux qui ont cru. Seigneur, Tu es Compatissant et Très Miséricordieux".** » (Coran 59 :10)

«... **Seigneur, c'est en Toi que nous mettons notre confiance et à Toi nous revenons [repentants]. Et vers Toi est le Devenir.** » (Coran 60 :4)

« **Seigneur, ne fais pas de nous [un sujet] de tentation pour ceux qui ont mécru; et pardonne-nous, Seigneur, car c'est Toi le Puissant, le Sage.** » (Coran 60 :5)

«... **Seigneur, parfais-nous notre lumière et pardonne-nous. Car Tu es Omnipotent.** » (Coran 66 :8)

« **Seigneur ! Accorde-moi Ton pardon, ainsi qu'à mon père et à ma mère, à toute personne ayant la foi qui pénètre dans** ma demeure et à tous les croyants et à toutes les croyantes ! **Puisses-Tu, Seigneur, enfoncer davantage les pervers dans leur perdition et dans leur erreur** ! » (Coran 71 :28)

La fin de l'invocation d'Allah :

« **Gloire à ton Seigneur, le Seigneur de la puissance. Il est au-dessus de ce qu'ils décrivent ! Et paix sur les Messagers, et louange à Allah, Seigneur de l'univers !** » (Coran 37 :180-182)

«… la fin de leur invocation est "**Louange à Allah, Seigneur de l'Univers**". » (Coran 10 :10

Ainsi, toutes les invocations amples et nécessaires que l'homme peut adresser à Allah se trouvent dans le Coran. C'est un Livre à l'image d'une pharmacie divine où, absolument, toutes les maladies, tous les maux sont pansés par les mots et traités définitivement :

« Dis ! "**Mon seigneur ne Se disposera pas en votre faveur sans l'expression explicite de vos souhaits** (tels que formulés dans le Coran). **Mais, cela vous l'avez déformé** (en inventant d'autres invocations en dehors de ce qui existent déjà dans le Coran) **alors qu'il ne change pas.**" » (Coran 25 :77)

CHAPITRE 4 : LES TEMPS DE LA PRIÈRE

«… la Salat demeure, pour les croyants, **une prescription, à des temps déterminés**. » (Coran 4 :103)

Allah, dans Son Livre exhaustif et détaillé, a prescrit les temps de prières par Sa Sagesse et Allah n'Est pas Complaisant dans Son Langage.

« Les infidèles parmi les gens du Livre, ainsi que les Associateurs, ne cesseront pas de mécroire jusqu'à ce que leur vienne la Preuve évidente : un Messager, de la part d'Allah, qui leur récite des feuilles purifiées, dans lesquelles se trouvent **des prescriptions d'une rectitude parfaite**. Et ceux à qui le Livre a été donné ne se sont divisés qu'après que la preuve leur fut venue. » (Coran 98 :1-4)

Allah, dans Son immense Sagesse a prescrit pour les hommes trois moments de prière, Il sait ce qui est meilleur pour nous alors que nous ne savons pas. Un ajout de prière sur la prescription divine de celle-ci n'est peut être, subconsciemment ou consciemment, qu'un ajout de dénégation. Ce qu'Allah donne doit être accepté, contenté et appliqué sans tergiversation et modification :

« Dis [-leur]: "Quelles **mauvaises prescriptions ordonnées par votre foi**, si vous êtes croyants". » (Coran 2 :93)

Les moments de prière sont 3 et non 5 comme l'explique clairement le Coran. Les moments de prière sont, par la sagesse divine, des temps propices aux recueillements, à la méditation, à l'intimité et à la sincérité dans la prière : Au **lever du soleil/matin/aube**, au **coucher du soleil/soir/crépuscule** et pendant **la nuit profonde**.

« Et ne repousse pas ceux qui, **matin et soir**, implorent leur Seigneur, cherchant Sa Face "Wajh". Leur demander compte ne t'incombe en rien, et te demander compte ne leur incombe en rien. En les repoussent donc, tu serais du nombre des injustes. » (Coran 6 :52)

« Fais preuve de patience [en restant] avec ceux qui invoquent leur Seigneur **matin et soir**, désirant Sa Face. Et que tes yeux ne se détachent point d'eux, en cherchant (le faux) brillant de la vie sur terre. Et n'obéis pas à celui dont Nous avons rendu le cœur inattentif à Notre Rappel, qui poursuit sa passion et dont le comportement est outrancier. » (Coran 18 :28)

Qui peut le lourd engagement de prétendre que ceux qui prient Allah sincèrement matin et soir, leur prière est invalide ? Si ce n'est celui qui obéi à celui qui poursuit sa passion et dont le comportement est outrancier.

« Et invoque ton Seigneur en toi-même, en humilité et crainte, à mi-voix, **le matin et le soir**, et ne sois pas du nombre des insouciants. » (Coran 7 :205)

« Il sortit donc du sanctuaire vers son peuple; puis il leur fit signe de prier **matin et soir**. » (Coran 19 :11)

« Nous soumîmes les montagnes à glorifier Allah, **soir et matin**, en sa compagnie… » (Coran 38 :18)

« Endure donc, car la promesse d'Allah est vérité, implore le pardon pour ton péché et célèbre la gloire et la louange de ton Seigneur, **soir et matin.** » (Coran 40 :55)

«… pour que vous croyiez en Allah et en Son messager, que vous l'honoriez, reconnaissiez Sa dignité, et Le glorifiez **matin et soir.** » (Coran 48 :9)

« Endure donc ce qu'ils disent : et célèbre la louange de ton Seigneur **avant le lever du soleil** et **avant [son] coucher**; et célèbre Sa gloire, **une partie de la nuit** et à la suite des prosternations [prières]. » (Coran 50 :39-40)

«… ceux qui implorent pardon **juste avant l'aube.** » (Coran 3 :17)

« Accomplis la Salat au **déclin du soleil jusqu'à l'obscurité de la nuit**, et [fais] aussi la Lecture à l'aube, car la Lecture à l'aube a des témoins. Et de **la nuit consacre une partie [avant l'aube** pour la Salat exquise : afin que ton Seigneur te ressuscite en une position de gloire. » (Coran 17 :78-79)

« ô vous qui croyez ! Invoquez Allah d'une façon abondante. Et glorifiez-Le à **la pointe et au déclin du jour.** » (Coran 33 :41-42)

« Glorifie-Le **une partie de la nuit** et **au déclin des étoiles.** » (Coran 52 :49)

« Il dit : "Oui, je me suis complu à aimer les biens (de ce monde) au point [d'oublier] le rappel de mon Seigneur jusqu'à ce que **le soleil se soit caché derrière son voile**. » (Coran 38 :32)

يَا أَيُّهَا الَّذِينَ آمَنُوا لِيَسْتَأْذِنكُمُ الَّذِينَ مَلَكَتْ أَيْمَانُكُمْ وَالَّذِينَ لَمْ يَبْلُغُوا الْحُلُمَ مِنكُمْ ثَلَاثَ مَرَّاتٍ ۚ مِّن قَبْلِ صَلَاةِ الْفَجْرِ وَحِينَ تَضَعُونَ ثِيَابَكُم مِّنَ الظَّهِيرَةِ وَمِن بَعْدِ **صَلَاةِ الْعِشَاءِ** ۚ ثَلَاثُ عَوْرَاتٍ لَّكُمْ ۚ لَيْسَ عَلَيْكُمْ وَلَا عَلَيْهِمْ جُنَاحٌ بَعْدَهُنَّ ۚ طَوَّافُونَ عَلَيْكُم بَعْضُكُمْ عَلَىٰ بَعْضٍ ۚ كَذَٰلِكَ يُبَيِّنُ اللَّهُ لَكُمُ الْآيَاتِ ۚ وَاللَّهُ عَلِيمٌ حَكِيمٌ

« Ô vous qui avez cru ! Que les esclaves que vous possédez vous demandent permission avant d'entrer, ainsi que ceux des vôtres qui n'ont pas encore atteint la puberté, à trois moments : avant **la Salat de l'aube**, à midi quand vous enlevez vos vêtements, ainsi qu'après **la Salat de la nuit (la salat du soir)** ; trois occasions de vous dévêtir. En dehors de ces moments, nul reproche ni à vous ni à eux d'aller et venir, les uns chez les autres. C'est ainsi qu'Allah vous expose clairement Ses versets, et Allah est Omniscient et Sage. » (Coran 24 :58)

Dans ce Verset, les traducteurs, sans aucune raison valable, se sont empressés pour traduire le mot **îshâ** par **nuit**, alors que dans les autres versets du coran le concernant, il est traduit par **soir**. Dans la langue arabe élémentaire, la racine îshâ, avec toutes ses dérivés, signifie **soir, coucher du soleil**… etc.

Dans la sourate 6 verset 52, le même mot **ishâ** est traduit par **soir** :

وَلَا تَطْرُدِ الَّذِينَ يَدْعُونَ رَبَّهُم بِالْغَدَاةِ وَالْعَشِيِّ يُرِيدُونَ وَجْهَهُ ۖ مَا عَلَيْكَ مِنْ حِسَابِهِم مِّن شَيْءٍ وَمَا مِنْ حِسَابِكَ عَلَيْهِم مِّن شَيْءٍ فَتَطْرُدَهُمْ فَتَكُونَ مِنَ الظَّالِمِينَ

« Et ne repousse pas ceux qui, matin et **soir**, implorent leur Seigneur, cherchant sa Face «Wajh». Leur demander compte ne t'incombe en rien, et te demander compte ne leur incombe en rien. En les repoussant donc, tu serais du nombre des injustes. »

Ainsi que dans la sourate 12 verset 16 :

وَجَاءُوا أَبَاهُمْ عِشَاءً يَبْكُونَ

« Et ils vinrent à leur père, le **soir**, en pleurant. »

Pour autant, les éleveurs ne rentrent du pâturage la nuit mais le soir, au coucher du soleil.

De même dans la sourate 19 verset 11, le même mot est traduit **soir** :

فَخَرَجَ عَلَىٰ قَوْمِهِ مِنَ الْمِحْرَابِ فَأَوْحَىٰ إِلَيْهِمْ أَن سَبِّحُوا بُكْرَةً وَعَشِيًّا

« Il sortit donc du sanctuaire vers son peuple; puis il leur fit signe de prier matin et **soir**. »

Aussi, dans la sourate 38 verset 18, on peut lire la traduction du mot **îshâ** par **soir** :

إِنَّا سَخَّرْنَا الْجِبَالَ مَعَهُ يُسَبِّحْنَ بِالْعَشِيِّ وَالْإِشْرَاقِ

« Nous soumîmes les montagnes à glorifier Allah, **soir** et matin, en sa compagnie »

Ainsi que dans les versets 46 et 55 de la sourate 40 ; dans le Verset 46 de la sourate 79 ; et dans plusieurs autres versets du Coran.

Remarquons que **la salât al-maghrib** n'a pas d'existence nominale dans le Coran bien qu'il s'agit de la prière du couchant, donc, de **la salât al-isha.** Ceci est vrai et témoigné gracieusement par un hadith :

Selon Abdallah El Mouzani, le Prophète a dit : « *Ne laissez pas les Arabes (les nomades) l'emporter sur vous au sujet du nom de **la prière du maghreb** (coucher du soleil) car ils l'appellent **la prière du soir, Ishâ**.* » **Sahih Bukhar, Tome 1, Page 295**

Les bédouins dont il est question dans ce hadith étaient Musulmans. Il observaient **la prière du soir, du coucher du soleil** qu'ils appelaient **la prière al-Ishâ**. Ainsi, ils restaient fidèles au nom qu'a donné Allah à cette prière dans Son Noble Coran plein de sagesses.

Alors, ce hadith prouve clairement que certains Musulmans, à l'époque où ce hadith fut écrit, accomplissaient moins que 5 Salâts par jour car s'ils appelaient "Isha" la Salât "Maghrib", alors ils n'auraient pas pu aussi avoir une prière suivant celle-ci du nom de "Isha", ils n'auraient pas pu avoir deux prières portant le même nom ! La seule explication logique est qu'ils n'avaient qu'une seule Salât appelée "Isha", et pas de Salât "Maghrib", ou, en d'autres mots, qu'ils accomplissaient moins que 5 salâts.

Encore, les 3 moments de prières sont répétitivement mentionnés dans les versets suivants :

فِي بُيُوتٍ أَذِنَ اللَّهُ أَن تُرْفَعَ وَيُذْكَرَ فِيهَا اسْمُهُ يُسَبِّحُ لَهُ فِيهَا بِالْغُدُوِّ **وَالْآصَالِ**

« Dans des maisons [des mosquées] qu'Allah a permis que l'on élève, et où Son Nom est invoqué; Le glorifient en elles **matin** et **après-midi (soir)**. » (Coran 24 :36)

وَاذْكُر اسْمَ رَبِّكَ بُكْرَةً وَأَصِيلًا

« Et invoque le nom de ton Seigneur, **matin** et **après-midi (soir)** ; et prosterne-toi devant Lui **une partie de la nuit**; et glorifie Le **de longues [heures] pendant la nuit**. » (Coran 76 :25-26)

Là aussi, on dénote une trahison du sens du mot **Assal** par les traducteurs qui l'on traduit par **l'après midi** alors qu'il signifie en arabe **le crépuscule**, **le soir** ou également **le coucher du soleil** comme le démontrent d'autres versets du Coran :

وَاذْكُر رَّبَّكَ فِي نَفْسِكَ تَضَرُّعًا وَخِيفَةً وَدُونَ الْجَهْرِ مِنَ الْقَوْلِ بِالْغُدُوِّ **وَالْآصَالِ** وَلَا تَكُن مِّنَ الْغَافِلِينَ

« Et invoque ton Seigneur en toi-même, en humilité et crainte, à mi-voix, le matin et **le soir**, et ne sois pas du nombre des insouciants. » (Coran 7 :205)

وَقَالُوا أَسَاطِيرُ الْأَوَّلِينَ اكْتَتَبَهَا فَهِيَ تُمْلَىٰ عَلَيْهِ بُكْرَةً وَأَصِيلًا

« Et ils disent: «Ce sont des contes d'anciens qu'il se fait écrire! On les lui dicte matin et **soir**! » (Coran 25 :5)

لِتُؤْمِنُوا بِاللَّهِ وَرَسُولِهِ وَتُعَزِّرُوهُ وَتُوَقِّرُوهُ وَتُسَبِّحُوهُ بُكْرَةً وَأَصِيلًا

«… pour que vous croyiez en Allah et en Son messager, que vous l'honoriez, reconnaissiez Sa dignité, et Le glorifiez matin et **soir**. » (Coran 48 :9)

« Et accomplis la Salat **aux deux extrémités du jour** et à **certaines heures de nuit**. Les bonnes œuvres dissipent les mauvaises. Cela est une exhortation pour ceux qui réfléchissent. » (Coran 11 :114)

« Supporte patiemment ce qu'ils disent et célèbre Sa louange, **avant le lever du soleil**, **avant son coucher** et **pendant la nuit**; et exalte Sa Gloire **aux extrémités du jour**. Peut-être auras-tu satisfaction. » (Coran 20 :130)

Les extrémités d'une chose sont aisément reconnues, c'est-à-dire tout simplement d'un bout à un autre, le début de la chose et la fin de la chose :

« Mais si ! Nous sommes Capable de remettre à leur place **les extrémités de ses doigts.** » (Coran 75 :4)

Ainsi les extrémités du jour sont le lever du soleil et le coucher du soleil. Si Allah répète, dans Sa Sagesse, la prière du matin et celle du soir en prières d'extrémités du jour, il en est ainsi pour la prière de la nuit dans le verset suivant :

«… et prosterne-toi devant Lui **une partie de la nuit**; et glorifie Le **de longues [heures] pendant la nuit**. » (Coran 76 :26)

Allah le plus Sage répète une même chose dans un seul verset ou dans le verset qui suit, Il sait et nous, nous savons que par Lui, que par ce qu'Il insiste à nous dire :

« Nous avons révélé un discours sublime aux versets concordants qui se répètent où alternent (les promesses et les menaces)... » (Coran 39 :23)

« **A côté de la difficulté est, certes, une facilité ! A côté de la difficulté, est certes, une facilité !** » (Coran 94 :5-6)

« **Malheur à toi, malheur ! Et encore malheur à toi, malheur !** » (Coran 75 :34-35)

Même les hadiths, dans leur aveu de culpabilité, rapportent en exclusivité les 2 prières aux 2 extrémités, à savoir, la prière du lever du soleil et celle du coucher du soleil :

Selon Abdallah Ben Qaïs El Ach'ari, l'Envoyé de Dieu a dit : « *Celui qui accomplit ses prières **aux deux extrémités du jour**, héritera du Paradis.* » **Sahih Bukhari Tome 1 Page 298**

De ces 3 moments clairement et exclusivement mentionnées par le Coran car Allah n'a rien omis dans celui-ci, un moment paraît particulier qui prend ses sources dans les secrets de la nuit ; c'est la prière de la nuit à laquelle Allah a consacré une sourate toute entière, loin d'être marginalement traitée de facultative ou de surérogatoire, elle est nécessaire et fera l'objet du prochain chapitre. Voilà, à présent, l'ampleur de la prière de la nuit :

« Soyez assidus aux Salats et surtout **la Salat médiane (la salat au milieu de la nuit, entre le crépuscule et l'aurore)** ; et tenez-vous debout devant Allah, avec humilité. » (Coran 2 :238)

« Ô !, toi, l'enveloppé [dans tes vêtements] ! Lève-toi [pour prier], **toute la nuit, excepté une petite partie; Sa moitié, ou un peu moins; ou un peu plus.** Et récite le Coran, lentement et clairement. Nous allons te révéler des paroles lourdes (très importantes). **La prière pendant la nuit** est plus efficace et plus propice pour la récitation. Tu as, dans la journée, à vaquer à de longues occupations. Et rappelle-toi le nom de ton Seigneur et consacre-toi totalement à Lui, le Seigneur du Levant et du Couchant. Il n'y a point de divinité à part Lui. Prends-Le donc comme Protecteur. » (Coran 73 :1-9)

« Ton Seigneur sait, certes, que tu (Muhammad) te tiens debout **moins de deux tiers de la nuit**, ou **sa moitié**, ou **son tiers**. De même qu'une partie de ceux qui sont avec toi. Allah détermine la nuit et le jour. Il sait que vous ne saurez jamais passer **toute la nuit en prière**. Il a usé envers vous avec indulgence. Récitez donc ce qui [vous] est possible du Coran. Il sait qu'il y aura parmi vous des malades, et d'autres qui voyageront sur la terre, en quête de la grâce d'Allah, et d'autres encore qui combattront dans le chemin d'Allah. Récitez-en donc ce qui [vous] sera possible. Accomplissez la Salat, acquittez la Zakat, et faites à Allah un prêt sincère. Tout bien que vous vous préparez, vous le retrouverez auprès d'Allah, meilleur et plus grand en fait de récompense. Et implorez le pardon d'Allah. Car Allah est Pardonneur et Très Miséricordieux. » (Coran 73 :20)

« **Ils s'arrachent de leurs lits (la nuit)** pour invoquer leur Seigneur, par crainte et espoir; et ils font largesse de ce que Nous Leur attribuons. » (Coran 32 :16)

«... **qui passent les nuits** prosternés et debout devant leur Seigneur. » (Coran 25 :64)

« Mais il ne sont pas tous pareils. Il est, parmi les gens du Livre, une communauté droite qui, **aux heures de la nuit**, récite les versets d'Allah en se prosternant. » (Coran 3 :113)

« Est-ce que celui qui, **aux heures de la nuit**, reste en dévotion, prosterné et debout, prenant garde à l'au-delà et espérant la miséricorde de son Seigneur... Dis : "Sont-ils égaux, ceux qui savent et ceux qui ne savent pas ? " Seuls les doués d'intelligence se rappellent. » (Coran 39 :9)

Lequel est-il préférable, digne de confiance, sociable et charitable entre celui qui s'approche fréquemment à Allah la nuit en dévotion et celui qui se contente de prier cinq fois par jour, souvent, sans sincérité ?

«... **ils dormaient peu la nuit**, et **aux dernières heures de la nuit** ils imploraient le pardon [d'Allah] » (Coran 51 :17-18)

Les hadiths aussi, toujours, dans leur aveu coupable, rapportent la prière de la nuit telle qu'elle paraît plus importante que toutes autres prières :

Selon Ali Ben Abou Talib, le Prophète lui rendit visite une nuit ainsi qu'à Fatima (fille du Prophète et épouse d'Ali). « *Vous ne priez donc pas ? demanda-t-il. − Dieu détient nos âmes, répondis-je, s'Il lui plaît de nous réveiller alors qu'Il nous réveille. A ces mots, le Prophète s'éloigna et ne me parla plus de rien. Alors qu'il s'en allait je l'entendis taper de la main contre la cuisse et s'exclamer : Il n'y a pas plus contestataire que l'homme !* » **Sahih Bukhari, Tome 1, Page 530**

Selon Abou Hourayra, l'Envoyé de Dieu a dit : « *Quand quelqu'un dort, le diable lui noue trois nœuds sur la nuque, il lui dit : « Dors ! Que la nuit te soit longue ! » A son réveil, lorsque le fidèle mentionne le Nom de Dieu, le premier nœud se défait, s'il procède aux ablutions le deuxième nœud se délie, et s'il prie le troisième nœud se détache. Ainsi le fidèle sera serein le matin et son âme apaisée, sans cela il sera égaré et troublé.* » **Sahih Bukhari, Tome 1, Page 537, l'homme qui ne prit pas durant la nuit**

Abdallah a dit : « *On évoquait devant le Prophète, le cas d'un homme qui avait dormi jusqu'au matin sans se lever pour effectuer la prière : - C'est que le diable lui a uriné dans l'oreille, dit le Prophète.* » **Sahih Bukhari, Tome 1, Page 538, quand l'homme dort sans avoir fait la prière de la nuit**

Selon Obada Ben Samit, le Prophète a dit : « *Si lors d'une veille (la nuit) l'un de vous dira : - Il n'y a pas d'autre dieu que Dieu Unique, Il n'a pas d'associé, à Lui la Royauté, à Lui la Louange Il est Puissant sur toute chose. Louange à Dieu, Gloire à Dieu. Il n'y pas d'autre dieu que Lui. Dieu est le plus Grand. Il n'y a de pouvoir et de puissance qu'en Dieu. Ô mon Dieu, pardonne-moi,* » *puis qu'il émette un vœu, celui-ci sera exaucé ; s'il prie après avoir procédé à ses ablutions, sa prière sera acceptée.* » **Sahih Bukhari, Tome 1, Page 545**

Abdallah Ben Amr a dit : « *L'Envoyé de Dieu s'adressa à moi et me dit : - Ô 'Abdallah, ne sois pas à l'image d'un tel, il se levait pour prier la nuit, mais maintenant il a délaissé cette pratique.* » **Sahih Bukhar, Tome 1, Page 543. Il est répréhensible d'abandonner la prière de la nuit.**

Selon Abou Hourayra, l'Envoyé de Dieu a dit : « *Lorsqu'il reste le dernier tiers de la nuit, le Seigneur se rapproche du ciel le plus près de la terre, en disant : - Celui qui M'invoquera, Je le satisferai, celui qui Me sollicitera, Je l'exaucerai, celui qui demandera Mon Pardon, Je le lui accorderai.* » **Sahih Bukhar, Tome 1, Page 539**

Le nombre de prières 3 fois n'est pas uniquement promu par le Coran. L'aveu manifeste d'usurpation et de contrefaçon dont les hadiths donnent réside dans le hadith suivant :

Ibn abbâs a dit : « **Le prophète (paix et bénédiction de Dieu sur lui) réunit l'accomplissement des deux prières de zhuhr et de asr en un même moment ; et fit de même pour celles de maghrib et de ichâ sans qu'il n'y ait voyage ni danger.** » **Sahih Mouslim 1146**

De toute évidence, s'il est jumelé, dans 5 prières, deux prières en une seule, deux fois, le résultat sera tout arithmétiquement 3 prières et non 5 prières. En outre, dans les dizaines de versets coraniques répétitifs, exclusifs et allusifs aux moments de prière, il n'est fait mention, aucunement, même implicitement, ce n'est reste d'une seule prière en dehors des 3 prières. Allah n'a rien omis dans son Livre et Il n'est pas Complaisant dans Son Langage, Il est Sage.

Cependant, les détracteurs de la position coranique vis-à-vis du nombre des prières, s'appuient sur un verset totalement déformé et détourné pour dénombrer 4 prières et non 5 prières et ainsi, faire dire au Coran ce qu'il n'a pas dit :

فَسُبْحَانَ اللَّهِ حِينَ تُمْسُونَ وَحِينَ تُصْبِحُونَ

وَلَهُ الْحَمْدُ فِي السَّمَاوَاتِ وَالْأَرْضِ وَعَشِيًّا وَحِينَ تُظْهِرُونَ

« **Glorifiez (gloire à Allah)** donc, soir et matin! A Lui toute louange dans les cieux et la terre, dans **l'après-midi (soir)** et au milieu de la journée. » (Coran 30 :17-18)

De prime à bord, une grosse erreur intolérable est commise par l'exégèse en traduisant la locution **Soubhan'Allah** en verbe d'action **Glorifiez Allah**, impératif désignant **prier**. Or, cette locution **soubhanâ** n'est pas un verbe. Le verbe est **sabbaha** qui fait dire **glorifier** et prend le sens de **prier** dans le Coran :

سَبَّحَ لِلَّهِ مَا فِي السَّمَاوَاتِ وَمَا فِي الْأَرْضِ ۖ وَهُوَ الْعَزِيزُ الْحَكِيمُ

« Ce qui est dans les cieux et ce qui est sur la terre **glorifient** Allah, et Il est le Puissant, le Sage. » (Coran 59 :1)

L'exégèse ne pourrait pas ignorer cela, c'est donc une erreur commise consciemment, animée d'une intention diabolique de faire dire au coran quatre moments de prière puisqu'il y a partout ailleurs dans le Coran que trois prières et que le verset ne fais pas cas des moments de prière, plutôt, une transcendance à tout temps et une glorification par tous ceux qui existent dans les cieux et sur la terre et dans l'espace interstellaire :

« Les sept cieux et la terre et ceux qui s'y trouvent, célèbrent Sa gloire. Et il n'existe rien qui ne célèbre Sa gloire et Ses louanges. Mais vous ne comprenez pas leur façon de Le glorifier. Certes c'est Lui qui est Indulgent et Pardonneur. » (Coran 17 :44)

Ainsi, l'exégèse a détourné le lecteur innocent du sens véritable de ce Verset. Le Coran, le faux ne peut l'atteindre ni par devant ni par derrière, ni par le haut ni par le bas. C'est un Livre inattaquable :

« Ceux qui ne croient pas au Rappel [le Coran] quand il leur parvient... alors que c'est un Livre puissant [inattaquable]; Le faux ne l'atteint [d'aucune part], ni par devant ni par derrière : c'est une révélation émanant d'un Sage, Digne de louange. » (Coran 41 :41-42)

CHAPITRE 5 : LES EXIGENCES DE LA PRIÈRE

Les conditions de la prière sont cumulatives. Elles sont circonstanciées et synergiques.

La prière ne peut être bénéfique que si l'on prie avec humilité, sincérité et concentration. Ainsi, c'est la première condition fondamentale de la réussite de la prière. Elle nécessite une pleine conscience d'Allah, Son omniprésence, Son omnipotence et Son omniscience :

«...tenez-vous debout devant Allah, avec **humilité**. » (Coran 2 :238)

« Invoquez votre Seigneur **en toute humilité et recueillement et avec discrétion**. Certes, Il n'aime pas les transgresseurs. » (Coran 7 :55)

« N'ont-ils point vu que les ombres de toute chose qu'Allah a créée s'allongent à droite et à gauche, en se prosternant devant Allah, **en toute humilité** ? » (Coran 16 :48)

« Et ils tombent sur leur menton, pleurant, et cela augmente leur **humilité**. » (Coran 17 :109)

«... Vous l'invoquez **humblement** et en secret... » (Coran 6 :63)

« Nous l'exauçâmes, lui donnâmes Yahya et guérîmes son épouse. Ils concouraient au bien et Nous invoquaient par amour et par crainte. Et **ils étaient humbles devant** Nous. » (Coran 21 :90)

«... ceux qui sont **humbles** dans leur Salat. » (Coran 23 :2)

La prière doit avoir une réalité et être aux prises avec la vérité, avec le Vrai (Allah). Elle n'est doit pas être un idéal détaché du Réel (Allah) ou une forme sans aucun fond.

Aujourd'hui, on peut impartialement et objectivement constater, par le caractère obligatoire de la prière imposé et chanté par les hadiths, que la prière est totalement reléguée à une forme sans fond, à une pratique mécanique sans nécessité d'humilité :

« Et cherchez secours dans l'endurance et la Salat : certes, la Salat est **une lourde obligation**, sauf pour **les humbles**. » (Coran 2 :45)

Alors, ceux qui considèrent la prière comme une simple obligation canonique répétée cinq fois par jour, auront à percevoir la prière comme une tâche à exécuter mécaniquement et non comme un besoin spirituel impérieux. On prie par Amour et non pas par Devoir. On ressent le besoin de prier tout comme on a envie de manger. On se réjoui de commencer une prière tout comme on a l'eau à la bouche au moment du déjeuner, du petit-déjeuner ou du dîner.

Les gens disent couramment, avoir accompli les cinq prières, qu'ils se sentent soulagés comme s'ils portaient une lourde charge. Il est ainsi puisque les hadiths ont rendu la prière obligatoire, la sincérité n'étant pas alors nécessairement un élément requis.

« Malheur donc, à ceux qui prient tout en **négligeant leur Salat**. » (107 :4-5)

«… Et leur prière, auprès de la Maison, n'est que **moquerie** et **répétition**. » (Coran 8 :35)

Les moments les plus propices au recueillement et à l'humilité pendant la prière sont, sans aucun doute, la phase nocturne, du coucher du soleil au lever du soleil. C'est tout logiquement de la Sagesse Divine. Ce temps-ci n'interfère pas avec l'activité journalière de l'homme, quelle soit commerciale, professionnelle, artisanale, pastorale, agricole… etc.

« La prière pendant la nuit est plus efficace et plus propice pour le recueillement. **Tu as, dans la journée, à vaquer à de longues occupations.** » (Coran 73 :6-7)

«… **et assigné le jour pour les affaires de la vie.** » (Coran 78 :11)

L'ORALITÉ

Une des exigences de la prière est l'oralité. Le coran doit être récité pendant la prière. Il contient des récits, des discours, des sentences, des décrets, des lois, des conseils… etc. Il doit être évoqué pendant la prière à voix moyenne ni basse ni haute. Ceci est une condition nécessaire à la réussite de la prière posée par Allah sans Son immense Sagesse :

« Et invoque ton Seigneur en toi-même, en humilité et crainte, **à mi-voix**, le matin et le soir, et ne sois pas du nombre des insouciants. » (Coran 7 :205)

« Dis : "Invoquez Allah, ou invoquez le Tout Miséricordieux. Quel que soit le nom par lequel vous l'appelez, Il a les plus beaux noms. Et **dans ta Salat, ne récite pas à voix haute; et ne**

l'y abaisse pas trop, mais cherche le juste milieu entre les deux". » (Coran 17 :110)

Ce qu'il est très étonnant, est de remarquer aujourd'hui, pitoyablement, par les dires des hadiths contrairement au coran, le silence total pendant la prière dite de zhuhr et celle de asr et le silence partiel pendant la prière du coucher du soleil ainsi que celle dite d'Isha. Comment est-ce raisonnable de prier sans se conformer au coran, sans chercher la mi-voix en récitant le coran dans la prière ? La réponse est tout à fait absurde. Une absurdité reste une absurdité même si la majorité la fait.

Aussi, Allah nous fournit la bonne oralité du Coran pour qu'elle s'applique dans la prière :

« Ne remue pas ta langue pour hâter sa récitation : Son rassemblement (dans ton cœur et sa fixation dans ta mémoire) Nous incombent, ainsi que **la façon de le réciter (sa tonalité). Quand donc Nous le récitons, suis sa récitation (sa tonalité).** A Nous, ensuite incombera son explication. » (75 :16-19)

«... Et **récite le Coran, lentement et clairement.** » (Coran 73 :4)

Alors c'est clair qu'Allah a enseigné au prophète la manière de réciter le coran. Cette récitation prend la forme d'un discours, d'un speech, d'un traité, d'un exposé... etc.

Mais aujourd'hui, le Coran a perdu toue sa forme de récitation telle enseignée par Allah. Le Coran n'est plus récité. Il est chanté. Il est mis à concurrence de chant. Plus grave encore, le coran est abondamment musicalisé pendant la prière. Sans aucune considération à son sens et à sa lettre, les gens tombent dans l'émotion et l'extrême émotion devant la tonalité musicale, dorénavant, donnée au coran. L'émotion ne fait jamais appel à la raison et un discours n'est jamais une chanson.

D'où la perte de toute sincérité dans la prière puisque ce qui est retenu, en fin de comptes, c'est la musicalité du Coran sans aucune importance accordée à sa sémantique. C'est une condition indispensable pour quiconque que ce soit de comprendre ce qui est dit dans la salat. On ne peut prier si l'on ne comprend ce qu'on profère et l'on ne peut prier avec humilité si l'on ne médite pas ce qu'on dit :

« Ô les croyants ! N'approchez pas de la Salat alors que vous êtes ivres, **jusqu'à ce que vous compreniez ce que vous dites**... » (Coran 4 :43)

Comment peut-on alors prier en toute humilité si l'on ne comprend même pas ce qui est dit dans cette prière ? Une fois encore, la réponse est négative. Une négativité reste une négativité même si elle touche au plus grand nombre.

« Et quant **aux poètes (ceux qui chantent le coran)**, ce sont les égarés qui les suivent. » (Coran 26 :224)

La troisième condition d'une prière sereine réside dans le fait de prier seul. Seule notre intimité, notre fort intérieur est-il concerné. Alors la sollicitation de la prière trouve sa pratique dans la solitude.

À deux exceptions près, toutes les mentions de la prière dans le Coran sont au singulier. Les gens ne trouvent aucune objection à l'affirmation que le prophète, paix sur lui, avait seul pendant qu'il était à la Mecque, environ 13 ans ; ce qui a été continué même à Médina. Nous trouvons dans le Coran des injonctions de prière individuelle telles que : **Loues ton Seigneur, glorifie-Le, tiens toi debout, demande pardon de ton Seigneur, Exaltes les Noms de ton Seigneur, prosterne-toi, incline-toi, lèves toi, prie ton Seigneur**... etc.

Toutes les indications sont au singulier, bien que beaucoup de gens s'appuient sur le verset **inclinez vous parmi ceux qui s'inclinent (Coran 2 :43)** pour justifier la prière en groupe alors que le même verset a été adressé à Mari, paix sur elle, **ô Marie, obéis à Ton Seigneur, prosterne-toi, et incline-toi avec ceux qui s'inclinent (Coran 3 :43)**. Or, mari n'a jamais prier en groupe. C'est une injonction divine de se prosterner et de s'incliner parmi ceux qui se prosternent et qui s'inclinent, les cieux, la terre, les anges, les arbres, les ombrages, les montagnes, les animaux, les hommes, les jins, les herbes...etc.

« Et **c'est à Allah que se prosternent, bon gré mal gré, tous ceux qui sont dans les cieux et sur la terre, ainsi que leurs ombres**, au début et à la fin de journée. » (Coran 13 :15)

Comme beaucoup de hadiths l'avouent implicitement, le Prophète priait à la maison, chez lui. La prière se pratique à la maison, dans espace calme voire dans un environnement naturel au contact des animaux domestiques, à ciel ouvert ou sur un terrain plat et vaste, ou sur une montagne ; cela renforce la prière d'humilité, de méditation sur la Création d'Allah et de connexité avec Lui :

« **Dans des maisons** qu'Allah a permis que l'on élève, et où Son Nom est invoqué; Le glorifient en elles matin et soir. » (Coran 24 :36)

« Et Nous révélâmes à Moïse et à son frère : "Prenez pour votre peuple des maisons en Egypte, **faîtes de vos maisons un lieu de prière** et soyez assidus dans la prière. Et fais la bonne annonce aux croyants". » (Coran 10 :87)

Les deux seules exceptions de la prière en groupe sont la prière de l'assemblée générale (juma'a) et la prière pendant la guerre.

Pendant une guerre, quand il est arrivé le moment de prier, chacun ne peut s'isoler pour la pratiquer. La plus grande erreur stratégique militaire est de s'éparpiller ou d'être embusqué sans être armé. Dans Son immense Sagesse Allah dit :

« Et lorsque tu (Muhammad) te trouves parmi eux, et que **tu les diriges dans la Salat**, qu'un groupe d'entre eux se mette debout en ta compagnie, **en gardant leurs armes**. Puis lorsqu'ils ont terminé la prosternation, qu'ils passent derrière vous et que vienne l'autre groupe, ceux qui n'ont pas encore célébré la Salat. **A ceux-ci alors d'accomplir la Salat avec toi, prenant leurs précautions et leurs armes**. Les mécréants aimeraient vous voir négliger **vos armes** et vos bagages, afin de tomber sur vous en une seule masse. Vous ne commettez aucun péché si, incommodés par la pluie ou malades, **vous déposez vos armes**; cependant prenez garde. Certes, Allah a préparé pour les mécréants un châtiment avilissant. » (Coran 4 :102)

La deuxième, seule exception de la prière en groupe est celle de l'assemblée générale, **as-salât al-jouma'a**. Comme son nom l'indique, c'est une prière de congrégation, de communion : **Al-Jama'a** (une communauté, un groupement, une société). C'est ainsi, parce que dans un État théocentrique, les représentants des couches sociales ou communautaires se réunissent chaque semaine à l'observation des croyants :

وَإِذَا **نَادَيْتُمْ** إِلَى الصَّلَاةِ اتَّخَذُوهَا هُزُوًا وَلَعِبًا ۚ ذَٰلِكَ بِأَنَّهُمْ قَوْمٌ لَّا يَعْقِلُونَ

« Et lorsque vous faites **l'appel** (l'annonce) à la Salât, ils la prennent en raillerie et jeu. C'est qu'ils sont des gens qui ne raisonnent point. » (Coran 5 :58)

يَا أَيُّهَا الَّذِينَ آمَنُوا إِذَا **نُودِيَ** لِلصَّلَاةِ مِن يَوْمِ الْجُمُعَةِ فَاسْعَوْا إِلَىٰ ذِكْرِ اللَّهِ وَذَرُوا الْبَيْعَ ۚ ذَٰلِكُمْ خَيْرٌ لَّكُمْ إِن كُنتُمْ تَعْلَمُونَ

« O vous qui avez cru! Quand on **appelle** à la Salât du jour du grand rassemblement (Vendredi)… » (Coran 62 :9)

Le verbe « نادي » (**nâdâ**) dans les versets ci-dessus signifie « **appeler** », et sa racine « ندا » (**nadâ**) signifie « **se réunir** ». Cela indique que la prière du rassemblement, groupement (jama'ah), par ses annonces, est destiné réunir et à unir la communauté des croyants. Cela indique clairement que l'appel à la prière est un commandement divin.

Bien que les croyants ne peuvent tous y assister, leurs représentants doivent les parvenir toutes les délibérations :

« **Les croyants n'ont pas à quitter tous leurs foyers. Pourquoi de chaque clan quelques hommes ne viendraient-il pas y participer à la congrégation, pour pouvoir à leur retour, instruire leur peuple afin qu'ils soient informés.** » (Coran 9 :122)

Les décisions publiques doivent être prises à la seule base de consultation, du consensus, du compromis et non pas à la base d'élection qui est source de division et un poison mortel pour toute société.

«… Et **consulte-les à propos des affaires**; puis une fois que tu t'es décidé, confie-toi donc à Allah, Allah aime, en vérité, ceux qui Lui font confiance. » (Coran 3 :159)

«… qui répondent à l'appel de leur Seigneur (en instaurant un système politique théocentrique), accomplissent la Salat (la salât en congrégation), **se consultent (en congrès) entre eux à propos de leurs affaires (affaires politiques, économiques, sociales, internationales…)**, dépensent de ce que Nous leur attribuons (en adoptant des projets de financement des services sociaux de bases pour tous ceux qui en éprouvent le besoin), et qui, atteints par l'injustice, ripostent (déclarant la guerre contre ceux qui les attaquent injustement). » (Coran 42 :38-39)

Ainsi, dans une société théocentrique, les membres doivent disposer d'une assemblée générale qui se réunit chaque semaine (**Yawmil Jouma'a**) et discuter des problèmes et des besoins auxquels cette société est confrontée.

« Ô vous qui avez cru ! Quand on appelle à **la Salat du jour du grand rassemblement**, accourez à l'invocation d'Allah et laissez tout négoce. Cela est bien meilleur pour vous, si vous saviez ! Puis quand la Salat est achevée, dispersez-vous sur la terre, et recherchez [quelque effet] de la grâce d'Allah, et invoquez beaucoup Allah afin que vous réussissiez. » (Coran 62 :9-10)

Enfin de délibération, on accompagne les résolutions, ainsi prises, d'une prière collective (**Salat Yawmil Juma'a**) soumise à l'agrément et l'assistance d'Allah. Dans ce cas, il ne peut y avoir qu'une seule assemblée générale, une seule mosquée, une seule prière de congrégation dans toute la ville où la cité. Ce ci est autant vrai que pendant toute la vie du prophète à Medina, il n'y avait eu qu'une seule mosquée :

« **Ceux qui ont édifié une mosquée pour en faire [un mobile] de rivalité, d'impiété et de division entre les croyants**, qui la préparent pour celui qui auparavant avait combattu Allah et Son Envoyé et jurent en disant : "Nous ne voulions que le bien ! " [Ceux-là], Allah atteste qu'ils mentent. Ne te tient jamais dans (cette mosquée). Car **une Mosquée fondée dès le premier jour, sur la piété, est plus digne que tu t'y tiennes debout**. On y trouve des gens qui aiment bien se purifier, et

Allah aime ceux qui se purifient. Lequel est plus méritant ? Est-ce celui qui a fondé son **édifice sur la piété et l'agrément d'Allah**, ou bien celui qui a placé **les assises de sa construction sur le bord d'une falaise croulante et qui croula avec lui dans le feu de l'Enfer** ? Et Allah ne guide pas les gens injustes. **La construction qu'ils ont édifiée sera toujours une source de doute dans leurs cœurs, jusqu'à ce que leurs cœurs se déchirent**. Et Allah est Omniscient et Sage. » (Coran 9 :107-110)

CHAPITRE 6 : LE RÔLE DE LA PRIÈRE

La prière est une discipline célébrant la Communion du fini et de l'Infini. Elle extirpe l'individu fini de la servitude au fini et lui ouvre la voie à un progrès infini. La prière est donc progrès vers Allah.

En effet, ce progrès se poursuit dans la vie du Musulman combatif et consciencieux, jusqu'à ce qu'il devienne capable d'établir une Communion avec Dieu (une prière) vivante et permanente, atteignant enfin ainsi la réalisation de Dieu dans une mesure qui l'établit fermement dans la soumission à la Loi Divine (ce qui est le sens même du mot **Islam**) et qui lui confère une pureté d'intention dans sa vie morale, et une perfection seyant à la nature humaine, comme cela nous est dit dans le Coran :

« Ô vous qui croyez ! Si vous craignez Dieu, Il vous accordera la faculté de discerner entre le Bien et le Mal, absoudra vos péchés et vous recevra en Sa grâce (au regard de vos manquements naturels et de vos péchés passés), car Il est le Détenteur de la grâce infinie ! » (Coran 8:29)

La prière devient, donc, un moyen, un instrument, un tremplin, un outil, un chargement d'énergie pour mener un combat moral rude qui est de reconnaître le Bien, de le vivre, de l'instaurer et de le promouvoir ainsi que de reconnaître le Mal, de l'éviter, de l'écarter et de l'éradiquer.

Cependant, la lecture de la prière par les hadiths la définit comme un but à atteindre, un objectif et une fin en soi puisqu'ils enseignent que la prière est une expiation des péchés voire un passe-droit. Peu importe, disent-ils, le Mal qu'on commet et le Bien qu'on s'abstient de faire, l'important, le but ultime est de prier cinq fois par jours et les péchés sont expiés comme un bain pris dans un hammam. Cette conception de la prière est totalement et dangereusement fausse dans le sens où l'islam est même assimilable à la prière car, selon les hadiths, c'est la frontière la plus visible entre la croyance et la négation, alors que l'islam c'est faire le Bien et défaire le Mal non pas de pratiquer, ce ne reste, mécaniquement, cinq prière par jours.

Ainsi, on ne saurait jamais trop insister sur le fait que la Foi en Dieu expliquée dans le Saint Coran est censée être vécue et qu'il ne suffit pas simplement de l'avoir, et il est impossible de la vivre sans passer par la discipline rigoureuse de la prière, de la communion du créé avec l'Incréé.

« Ô croyants ! Cherchez du réconfort dans la patience et la salât (Communion avec Allah) ! Dieu est, en vérité, avec ceux qui savent s'armer de patience. » (Coran 2:153)

Le Coran exhorte l'Homme de cultiver la justice, la sagesse, la vérité, l'honnêteté, la patience, l'altruisme, l'équité, la générosité, l'humilité…etc. à travers la communion avec Dieu (prière) et de maintenir une attitude de servitude constante envers Lui, assurant ainsi un optimisme, un espoir et un succès dans son combat moral.

« Votre Seigneur a dit : Implorez-Moi, Je vous exaucerai ! Mais ceux qui, par orgueil, refusent de M'adorer entreront tête basse en Enfer.» (Coran 40:60)

« Si Mes serviteurs t'interrogent à Mon sujet, qu'ils sachent que Je suis tout près d'eux, toujours disposé à exaucer les vœux de celui qui M'invoque. Qu'ils répondent donc à Mon appel et qu'ils aient foi en Moi, afin qu'ils soient guidés vers la Voie du salut. » (2:186)

En effets, les rôles premiers que joue la prière, en tant que moyen, dans le Coran, sont la conscience d'Allah, Son rappel ainsi que l'élan spirituel, l'énergie morale que celle-là procure.

« En vérité, Je suis Dieu. Il n'y a d'autre dieu que Moi ! Sois qu'à Mon Service donc et **accomplis la prière en souvenir de Moi.** » (20:14).

« Récite ce qui t'est révélé du Livre et accomplis la Salat. En vérité **la Salat préserve de la turpitude et du blâmable. Le Souvenir d'Allah est certes ce qu'il y a de plus grand.** Et Allah sait ce que vous faites. » (Coran 29 :45)

Seul le Souvenir d'Allah, la conscience d'Allah, la haute considération d'Allah, généralement pendant la prière nous écarte du vice et nous rapproche de la vertu car l'homme est créé incline à cette dualité :

«… par l'âme et Celui qui l'a façonnée harmonieusement et Qui lui a inspiré **son libertinage et sa piété** ! » (Coran 91:7-8)

Le soi humain comporte plusieurs niveaux de développement spirituel par la prière :

1. le nafs-al-ammārah,

2. le nafs-al-lawwāmah,

3. le nafs-al-mutma'innah,

Le nafs-al-ammārah, ou le Soi Impérieux, rend la recherche des besoins instinctifs contestable, et qui presse l'homme de satisfaire ses besoins et ses désirs indépendamment de toute vérification, et donc à commettre le mal, comme le dit le Saint Coran:

« … car **c'est le propre de la nature humaine à pousser au mal,** à moins qu'on ne soit touché par la grâce de Dieu, car Il est Clément et Miséricordieux. » (Coran 12:53).

« Ne vois-tu pas **celui qui a fait de sa passion sa divinité** ? » (Coran 25 :43)

« **L'homme appelle le mal comme il appelle le bien**, car **l'homme est très hâtif.** » (Coran 17 :11)

Vient ensuite l'étape, et l'état, de nafs-al-lawwāmah ou Soi Prompt à se faire des Reproches, ce qu'il fait lorsque les besoins instinctifs sont assouvis sous l'impact de nafs-al-ammārah. Le Saint Coran fait référence à nafs-al-lawwāmah dans le verset suivant :

« Non ! J'en jure par **l'âme toujours prompte à se faire des reproches** ! » (Coran 75:2).

Ainsi, la condition du développement sain du soi humain réside dans l'énergie fournie par la prière de contrecarrer la force vile du Soi Impérieux, et dans sa conquête. Une fois qu'il est conquis, le soi humain s'extrait des tortures du reproche et devient nafs-al-mutma'innah ou le Soi Béatifié. Le Saint Coran s'y réfère ainsi qu'à sa récompense de la façon suivante :

« Quant à toi, ô âme, désormais apaisée ! Retourne auprès de ton Seigneur, satisfaite et agréée ! Sois désormais du nombre de Mes serviteurs, et sois la bienvenue dans Mon Paradis ! » (Coran 89:27-30).

Pour en revenir à l'attraction excessive pour les objets des instincts, on peut dire que les pulsions instinctives ont leurs buts respectifs, qui peuvent être atteints à travers bien moins d'activité instinctive que ce que requièrent les exigences excessivement disproportionnées qui affligent une personnalité déséquilibrée. Ainsi, si la personnalité est intégrée à travers la prière avec un assouvissement minimum vital et léga, plutôt que, de se livrer excessivement aux pulsions instinctive qui devient la lumière guidant le comportement humain, le surplus d'énergie qui devient dès lors disponible peut être utilisé dans la recherche de valeurs plus élevées ; cela étant nécessaire pour tout développement et progrès spirituels.

Aussi, la prière se concrétise en une stabilisation de l'harmonie entre la volonté humaine et la Volonté parfaitement Sainte, la Volonté de Dieu. C'est par cette harmonie seulement que l'Homme atteint la pureté durable et absolue de la volonté et une authentique sainteté humaine. Cet état de vie bénie est en permanence nourri par la communion constante avec Dieu (la prière) et est stabilisée à travers une Vision directe de Lui. Ce fait est mentionné dans le Coran :

« Dieu dit alors : Voici venu le jour où les sincères tireront profit de leur sincérité et auront pour séjour éternel des Jardins sous lesquels coulent des ruisseaux. Dieu les comblera de Sa grâce et ils seront pleins d'amour pour leur Seigneur. Et leur bonheur sera sans limites,... » (Coran 5:119)

Ainsi, par la prière, le Soi-en-Paix, le Soi totalement Satisfait est libre de toute douleur, de toute haine, de tout stress, de toute insanité, de toute indécence, de toute absurdité, de toute calomnie, de toute obscénité et de tout chagrin.

Voilà les bénéfices de la prière, les objectifs qu'on cherche à atteindre à travers la prière alors qu'elle n'est pas elle-même un objectif, une fin en soi. Voilà les fruits d'une prière réussie et conséquente :

«… Tu les vois inclinés, prosternés, recherchant d'Allah grâce et agrément. Leurs visages sont marqués par la trace laissée par la prosternation. Telle est leur image dans la Thora. Et **l'image que l'on donne d'eux dans l'évangile est celle d'une semence qui sort sa pousse, puis se raffermit, s'épaissit, et ensuite se dresse sur sa tige, à l'émerveillement des semeurs.** » (Coran 48 :29)

Dès lors, comment peut-on prier et proférer des obscénités, rester orgueilleux, tenir à ses appétences, porter des diffamations et des calomnies, détester la vérité et ceux qui la disent, garder l'impudeur, commettre un vol ou un meurtre, éveiller aux absurdités, frivolités et futilités ?

CONCLUSION

Aussi déroutant et bouleversant que cela puisse paraître, le Coran ne mentionne que trois moments de prière car il est propre à la nature de la révélation de bouleverser, de branler et de subjuguer les idées reçues, les pratiques ancestrales les plus ancrées et le mensonge établie depuis des siècles ou des millénaires :

« Et quand on leur dit : "Suivez ce qu'Allah a **fait descendre (la prière dans le Coran)** ", ils disent : "Non, mais nous suivrons **les pratiques de nos ancêtres (la prière dans les hadiths)."** Quoi ! et **si leurs ancêtres n'avaient rien raisonné et s'ils n'avaient pas été dans la bonne direction** ? » (Coran 2 :170)

«… et quand ceux-ci commettent une turpitude, ils disent : **"C'est une pratique léguée par nos ancêtres et prescrite par Allah."** Dis : "[Non,] Allah ne commande point la turpitude. Direz-vous contre Allah ce que vous ne savez pas ? " » (Coran 7 :28)

« Il dit : "Vous voilà, frappés de la part de votre Seigneur d'un supplice et d'une colère. **Allez-vous vous disputer avec moi au sujet de noms (salat zuhr, salat asr…) que vous et vos ancêtres avez donnés, sans qu'Allah n'y fasse descendre la moindre preuve ?** Attendez donc ! Moi aussi j'attends avec vous. » (Coran 7 :71)

« Ils dirent : "ô Chuaïb ! Est-ce que **ta prière** te demande de nous **faire abandonner ce à quoi nos ancêtres étaient voués (leurs prières)**, ou de ne plus faire de nos biens ce que nous voulons ? Est-ce toi l'indulgent, le droit ? " » (Coran 7 :87)

«… **Jamais nous n'avons entendu cela (trois moments de prière) chez nos ancêtres les plus reculés.** » (Coran 23 :24)

Ainsi, la vérité ressemble à une haine pour ceux qui la détestent et n'accroit que la répulsion de ses dénégateurs :

« Plutôt, **ils traitent de mensonge la vérité qui leur est venue** : les voilà donc dans une situation confuse. » (Coran 50 :5)

« Certes, **Nous vous avions apporté la Vérité**; mais **la plupart d'entre vous détestaient la Vérité**. » (Coran 43 :78)

« C'est Lui qui a envoyé Son messager avec la bonne direction et la religion de la vérité, afin qu'elle triomphe sur toute autre religion, **quelque répulsion qu'en aient les dénégateurs**. » (Coran 9 :33)

La vérité ne se trouve jamais dans le grand nombre. Un tissu de mensonges bien emballé vendu aux générations successives pendant longtemps aura l'apparence de la vérité mais il reste tout de même un grand mensonge même si la majorité le croit réellement :

« **Et si tu Obéis à la majorité de ceux qui sont sur la terre, ils t'égareront du sentier d'Allah** : ils ne suivent que la conjecture et ne font que fabriquer des mensonges. » (Coran 6 :116)

« En réalité, c'est Allah qui a scellé leurs cœurs à cause de leur dénégation, car **ils ne croyaient que très peu**. » (4 :155)

«... Mais **la plupart d'entre vous sont des pervers**. » (Coran 5 :59)

«... **la plupart d'entre eux ne raisonnent pas**. » (Coran 5 :103)

«... Mais **la plupart d'entre eux ne savent pas**. » (Coran 6 :37)

«... Mais **la plupart d'entre eux ignorent**. » (Coran 6 :111)

«... mais **la plupart d'entre eux ne sont pas reconnaissants**. » (Coran 10 :60)

« Et **la plupart des gens ne sont pas croyants malgré ton désir ardent.** » (Coran 12 :103)

« Et **la plupart d'entre eux ne croient en Allah, qu'en lui donnant des associés**. » (Coran 12 :106)

« Alif, Lam, Mim, Ra . Voici les versets du Livre; et ce que t'a été révélé par ton Seigneur est la vérité; mais **la plupart des gens ne croient pas**. » (Coran 13 :1)

«... Mais **la plupart des gens s'obstinent à être négateurs.** » (Coran 17 :89)

www.ingramcontent.com/pod-product-compliance
Lightning Source LLC
Chambersburg PA
CBHW071920120726
48001CB00005B/1806